우남 이승만 전집 9

한 시 집

체역집에 실리지 않은 시

우남이승만전집발간위원회
연세대학교　이승만연구원　편

연세대학교 출판문화원

우남 이승만 전집 9

한시집 : 체역집에 실리지 않은 시

허경진 역주·해제
우남이승만전집발간위원회 / 연세대학교 이승만연구원 편

연세대학교 이승만연구원

전화 02)3216-7742 / smrhee@yonsei.ac.kr

발 행 연세대학교 출판문화원
주 소 서울특별시 서대문구 연세로 50
http://www.yonsei.ac.kr/press
ysup@yonsei.ac.kr
전 화 02)2123-3380~2
팩 스 02)2123-8673
등 록 1955년 10월 13일 제9-60호
인 쇄 (주)동국문화

2023년 9월 12일 1판 1쇄
ISBN 978-89-6850-754-0 (94080)
978-89-6850-274-3 (세트)

값 20,000원

발간사

『체역집(替役集)』이 발행된 지 2년 만에 『한시집: 체역집에 실리지 않은 시』가 발행되기까지 수고하신 연세대학교 이승만연구원 최연식 원장님을 치하해 드립니다. 『체역집』이 이승만 대통령의 한성 감옥 속에서 지은 시라고 한다면, 『한시집』은 그 후의 가난과 인고의 세월을 지낸 미국 망명 생활을 기록했으며, 또한 건국의 고난 속에서 쓰신 기록임을 알 수 있습니다.

이승만은 시인입니다. 그러나 그분을 시인이라고 부르지 않습니다. 왜냐하면, 그분의 평생 사역이 이 나라를 건국하는 일에 바쳤기 때문입니다. 그분의 시는 로맨틱하고, 상상을 투영하고, 깊이 생각하고 다듬어진 시가 아닙니다. 이승만의 시는 그의 삶의 정황이 격동기의 시기였으니, 온몸을 기울여 가난과 질병과 싸웠고, 공산주의와 일본 제국주의와 싸웠고, 특별히 독립을 위하여, 건국을 위하여 투쟁하는 삶의 반응으로 나타난 시입니다. 시는 시인의 내면을 들여다볼 수 있는 창입니다. 시인의 고난과 우수의 감정을 넘어서서, 이승만의 정치철학의 신념, 나라를 세우고 지키고, 번영을 위한 건국의 아버지로서의 큰 역사를 남기고 있습니다.

저는 이승만 대통령의 한시를 음미하면서, 이스라엘 백성이 제일 존경하고, 사랑하며, 하나님의 인도함을 받은 다윗왕의 저 유명한 시편 23편의 시를 생각해 봅니다. 성경의 많은 시와 잠언, 비유, 사건 중에서 최고의 시로 생각하는 것이 시편 23편이기 때문입니다. 시편 23편은 다윗이 노년에 통일 이스라엘 왕국을 세운 사역이 하나님의 은혜, 하나님의 구원, 하나님의 축복, 고난 속의 승리임을 노래했습니다. 우리는 5천 년 역사 속 이렇게 억울하고 원통한 시기에 이승만 대통령의 고난의 시를 읽으며, 오늘을 살아가는 우리는 다시 위대한 그분의 족적을 따라가야만 합니다. 그분이 바라고 소망했던 자유민주주의 대한민국을 세우고, 대한민국이 세계의 모범이 될 수 없을까! 생각해보고, 또 생각해보며 하나님께 감사를 드립니다.

2023년 7월 4일

우남이승만전집발간위원회 위원장

이 규 학 감독

목차

일러두기

1. 이 책은 이승만이 지은 시 가운데 『체역집(替役集)』에 실리지 않은 시를 모두 수집하여 원문을 입력하고, 현대어로 번역한 것이다. 한성감옥서에 갇혀 있던 시기인 1900년 봄부터 1903년 9월 15일까지 지은 한시를 정서하여 편집한 필사본 『체역집』은 역자가 이미 번역하여 《우남 이승만 전집》 제5권(연세대학교 대학출판문화원, 2021)으로 간행한 바 있다.
2. 원문은 오언시나 칠언시의 형태를 전달하기 쉽도록 구두를 떼어 입력하였으며, 화운(和韻)을 확인할 수 있도록 압운자(押韻字)에는 。부호를 표기하였다.
3. 연작시의 경우에는 원문에 없는 작품 번호를 붙였다.
4. 원문을 정서하는 과정에서 분명히 틀렸다고 판단되는 글자는 바로잡았으며, 필요한 경우에는 각주를 달았다. 그러나 속자(俗字)의 경우에는 그대로 입력하였다.
5. 감옥에서 지은 시가 분명하더라도 『체역집』에 실리지 않은 시는 전래과정이 다르기 때문에, 이 책에 실었다.
6. 독자의 이해를 돕기 위하여 해제를 덧붙이고, 사진자료들을 추가하였다.

번역문 목차

제1부

독립협회 시기(1896~1898)에 지은 시

여기에 소개하는 3수를 편의상 독립협회 시기에 지은 시라고 분류하였지만, 이 가운데 1수는 1906년 미국 유학시절에 지은 시이다. 비슷한 시기에 지었으면서도 『체역집(替役集)』 시기, 상하이 임시정부 시기, 독립운동 시기 어디에도 포함되지 않는 시이기 때문에 편의상 이 시기에 포함시켰다.

어머니가 세상을 떠났을 때에 지은 시 2수는 당시 『부의록(賻儀錄)』에 친필로 실려 있고, 을사조약 이후 옛 주미 공사관 건물에서 지은 시는 당시 신문에 실렸기 때문에 출전과 원문이 가장 확실하며, 그 이후 글자가 바뀐 채로 다른 문헌에 실리지도 않았다.

우남이 곡하며 읊다

1.

겹문이 굳게 잠겨 하루가 일년 같으니
나그네 시름 가을 회포 다 같이 아득하구나.
고향이 지척이건만 한갓 꿈속의 일이라[1)]
달빛이 두 곳을 두루 비춰주네.

雩南唫哭

重門深鎖日如年。客思秋懷仍渺然。
咫尺家山徒夢事、月光遍照兩邊天。

1) 원문에는 제3구가 "咫尺家山徒夢事想"으로 되어 있어, 한 글자가 더 적혀 있다. '夢想'으로 썼다면 "고향이 지척이건만 부질없이 꿈만 꾸니"라고 번역할 수 있다.

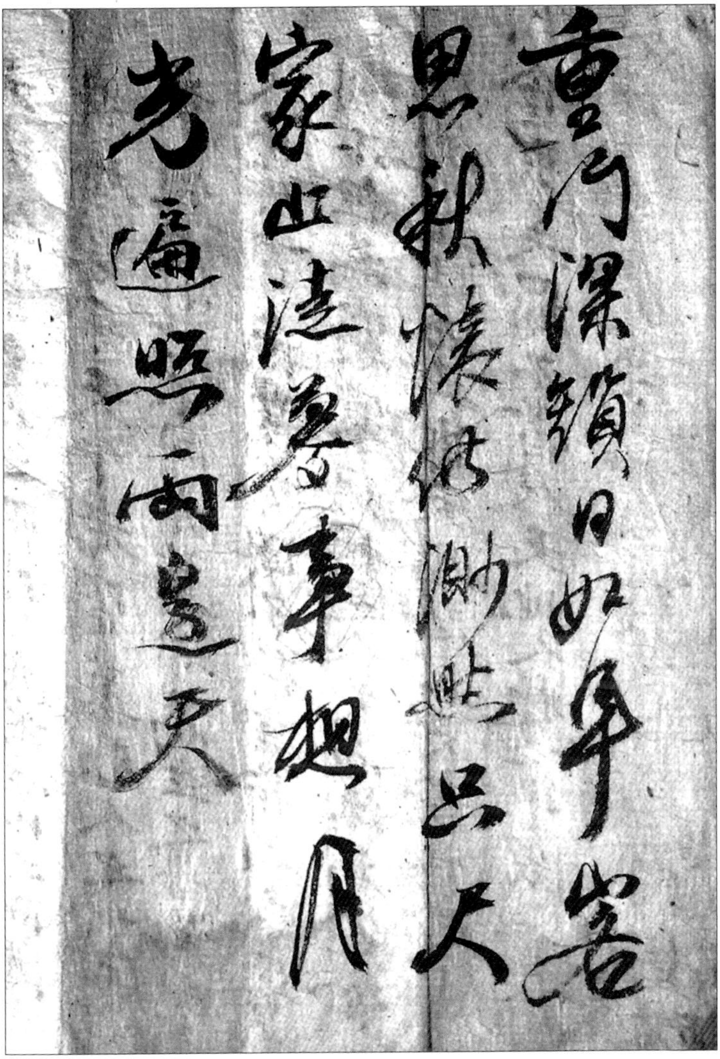

출처:『雩南李承晩博士書集』

2.

스물 두해[2]를 정성껏 은혜로 길러주시어
이제[3] 와선 몸과 머리 참으로 훤칠하건만,
영구를 받들고 가 장사지내지 못하니
머리 위 저 푸른 하늘에 어찌 부끄럽지 않으랴.

鞠育情恩廿二年。伊今身髮正軒然。
未奉靈柩安土宅、戴頭寧不愧蒼天。

---

2) 이 시는 모친상 『부의록(賻儀錄)』에 적혀 있다. 김해 김씨로 알려진 이승만의 어머니 김말란은 서당 훈장인 김창은(金昌殷)의 딸로, 이승만에게 『천자문(千字文)』과 한시 짓는 법을 가르쳐 주었다. 1896년 7월 15일에 세상을 떠났는데 이승만이 1875년생이니, 22세에 세상을 떠난 것이 맞다.

3) 나중에 정서한 시에는 "而今"으로 되어 있지만, 뜻에는 차이가 없다.

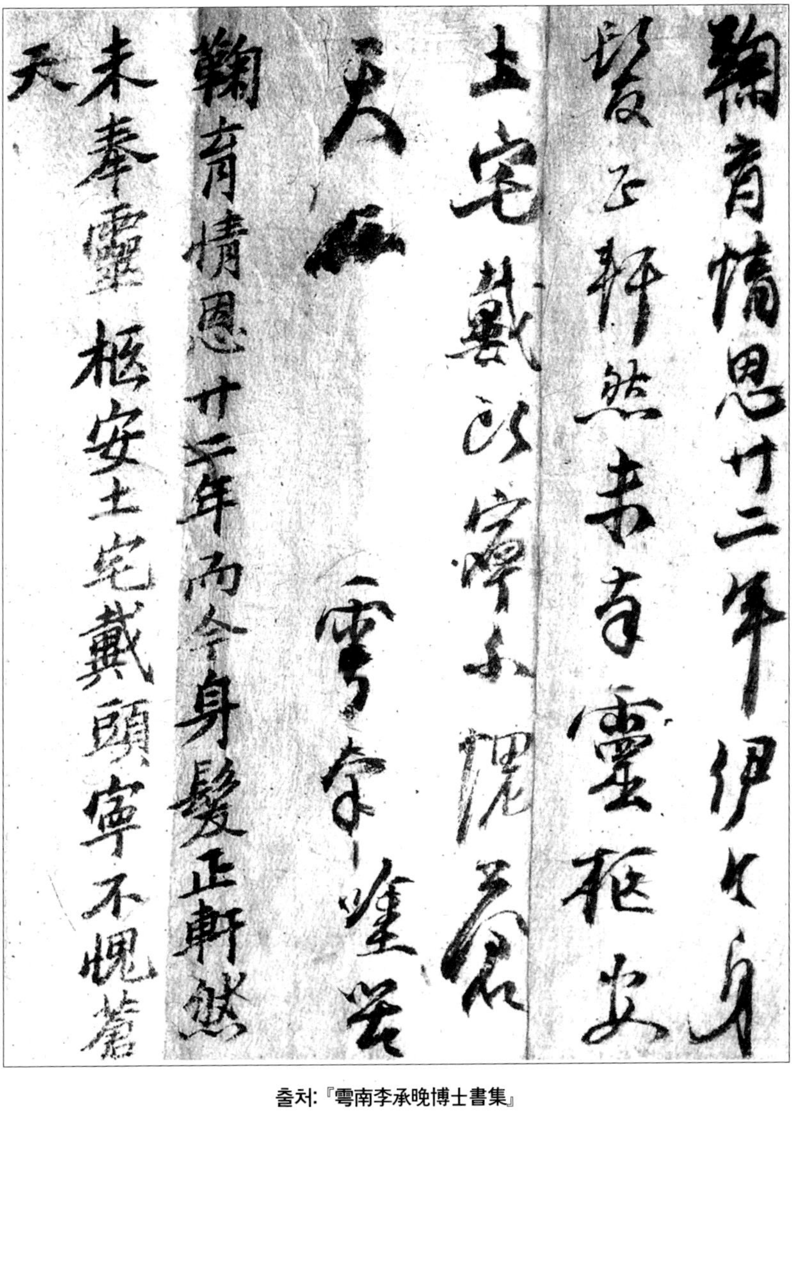

출처: 『雩南李承晩博士書集』

워싱턴에 있는 우남 이승만 씨의 시

옛날 대한제국 공사관
문이 닫겨 봄날이 적적하구나.
사람은 돌아갔건만[4] 풍물은 남아
푸른 풀이 뜨락에 가득 싱그럽구나.

在華盛頓雩南李承晚氏의 口呼[5]

---

4) 이승만이 1904년 대한제국 밀사로 미국에 도착하여 공사관을 처음 찾아갔을 때에 만났던 공관원들이 모두 귀국했다는 뜻이다. 이승만의 자서전 초고에 이때 공사관에서 만났던 사람들의 이야기가 실려 있다.
"閔泳渙公이 洪(칠수)씨에게 내가 올 것이라는 것과 나의 사명에 대해 글을 보냈다. 김윤정씨는 내가 정부와 연관을 가지고 있는 것을 알고 있었고 나 하는 일을 무엇이라도 도와주겠다고 했다. 딘스모어(Hugh Dinsmore) 상원의원이 내가 국무장관 존 헤이(John Hay)를 만나도록 알선해주었는데 그들의 회담은 재미있었다. 아무 일도 할 수 없다는 것이다. 日本人들은 모든 길을 막아 놓고 있었다.
섣달 그믐날 오후 7시 워싱턴에 도착하여 곧 한국 공사관을 찾아가 공사 서기인 홍칠수 씨를 만났다. 그는 민영환씨로부터 나에게 모든 협조를 해주라는 편지를 이미 받은 터였다. 그때에 공사는 신태무(申泰茂)였고 서기는 김윤정(金潤晶)이었다." 이정식 지음, 권기붕 옮김, 『(초대 대통령) 이승만의 청년시절』, (서울: 동아일보사, 2002).

5) 1906년 7월 6일자 『대한매일신보』 1면 「사림(詞林)」에 실린 한시이다. 이승만은 1904년에 대한제국의 밀사로 뽑혀 미국으로 떠났으며, 1905년 2월 조지 워싱턴 대학에 입학하여 이 시를 짓던 무렵인 1906년 6월 5일 조지 워싱턴 대학 컬럼비아 학부를 졸업하고 문학사 학위를 받았다. 7월에 매사추세츠주 노스필드에서 개최된 만국(기독)학도대회에 한국 총대로 참석하였다. 대한제국은 1905년 11월 을사조약으로 외교권을 상실하였으므로 제1구에 "옛날 대한제국 공사관"이라고 하였다. 자주독립의 꿈이 무산된 뒤에 옛 공사관 건물을 보면서 지은 이 시는 조선이 건국된 뒤 개성을 찾은 문인들이 송도(松都) 회고시(懷古詩)를 지은 것과 비슷한 분위기이다.

舊日韓公舘、掩門寂寂春。

人歸風物在、碧草滿庭新。

大韓每日申報

대한매일신보

第四卷

第二百六十三號

金曜日

西曆一千九百六年七月六日 (一)

詞林

舊日韓公舘掩門寂寂春人歸風物在碧草滿庭新

출처: 『대한매일신보』 1906년 7월 6일

제2부

『체역집(替役集)』 시기에 지은 시

이승만이 한성감옥에 갇혀 있는 동안 지은 한시(1900~1903)는 공식적으로 『체역집(替役集)』이라는 제목으로 정서되어 『이화장 소장 우남이승만문서 동문편 제2권(梨花莊 所藏 雩南李承晚文書 東文篇 第二卷)』에 실려 있다. 『체역집』은 1961년 신호열 번역으로 동서출판사에서 건(乾) · 곤(坤) 2책으로 1차 출판되었으며, 2021년 허경진 번역으로 연세대학교 대학출판문화원에서 《우남 이승만 전집》 제5권으로 2차 출판되었다.

신호열 번역본은 『이화장 소장 우남이승만문서 동문편 제2권』에 실린 『체역집』과 순서도 다를 뿐 아니라 여기에 실리지 않은 한시 8제(題) 10수가 더 실려 있다. 그러나 이 번역본에는 해제도 없을 뿐 아니라 이 시들에 대한 출처도 밝히지 않고 있어서, 그 시들이 왜 이 책에 실렸는지 유래를 알 수가 없다. 편집자도 이에 대한 문제점을 인식하였는지, 「木屐」, 「又次外西間諸公原韻」의 2제 3수 원문을 영인하여 건권(乾卷) 첫머리에 "原本(一)", "原本(二)"라고 소개하였다.

신호열 번역본에는 출옥한 지 거의 20년 뒤에 지은 한시 「一九二一年, 三一節, 在上海述懷」도 실려 있어, 원래의 『체역집』이 아닌 필사본을 대본으로 삼아 번역한 듯하다. 『이화장 소장 우남이승만문서 동문편 제2권』에 실린 『체역집』 뒤에는 이 시가 「一九二一年, 三一節, 在上海偶唫」이라는 제목으로 글자가 다르게 실려 있다.

이화장(梨花莊)에는 신호열 번역본 『체역집』에 더 실린 한시 8제(題) 10수와 상당 부분 겹치는 한시 원고본이 한 책으로 장황(粧潢)되어 있는데, 표제(表題)가 따로 없으며, 4수가 더 실려 있다. 내용상 상당 부분이 감옥에서 지은 것으로 보이기에, "제2부 『체역집』 시기에 지은 시"로 편집하여 번역하였다. 이 원고본 순서에 따라 소개한다.

달밤에 우연히 읊다

등불 없어도 새벽 종 칠 때까지 앉아 새우니
그윽한 창에 어린 달 그림자 어여쁘구나.
나그네 반생에 봄도 어느덧 저무는데
고향은 멀기만 해 꿈에도 가기 힘드네.
미친 물결 퍼지며 바다 평온치 않고
가파른 길 오르고 올라도 봉우리 높기만 해,
책 읽고 칼 배운 게[6] 사람을 그르쳤으니
일찍이 농사 배우지 않은 걸 이제 와 탄식하네.

月夜偶唫

却鐙坐到五更鐘。爲愛幽窓月影從。
客子半生春苒苒、家山數里夢重重。
狂瀾泛泛無平海、崎路登登有絶峰。
書劍誤人人事晩、而今恨不早歸農。[7]

6) 글을 읽어 관리가 되고 칼을 잡고 종군(從軍)하는 것으로, 문관이나 무관이 되는 것을 말한다. 맹호연(孟浩然)의 시 「낙양에서 월로 가다(自洛之越)」에 "삼십 년을 허둥대다, 글과 칼 다 못 이뤘네.[遑遑三十年 書劍兩無成]"라고 하였다.

7) 이 시 끝에 "雩南"이라 쓰고, 그 뒤에 「和月夜偶唫韻」 1수가 실렸는데, 다른 사람의 화운시이기에 번역하지 않았다.

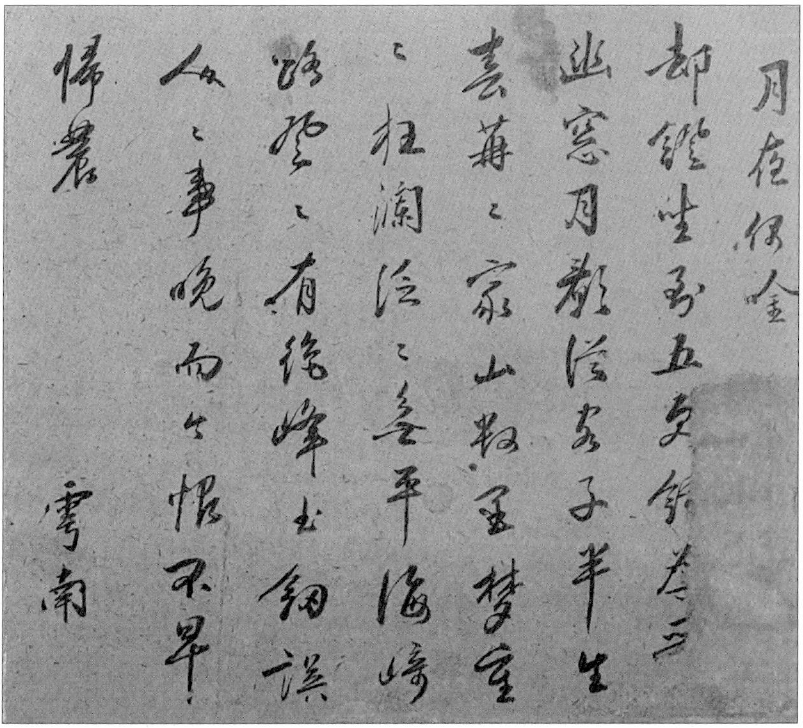

연세대학교 이승만연구원 소장

계묘년 여름에 오래 가물다가 비가 오니 우인이 시를 지어주며 화답을 구하다

마른 고기같던 만백성이 다행히 단비를 만났으니
한 알의 곡식같은 이 백성을 누가 그렇게 만들었나?
사람이 순리를 따르면 항상 때 맞춰 비가 오고
하늘은 반드시 지극히 어지니 늘 풍년이 들리라.
사방 들판에서 기뻐하는 소리가 물가에 개구리 울음[8] 같고
집마다 기쁜 빛이 버들이 안개에 젖은 듯해라.
세상을 살아가며 나 혼자 사는 것이 아니니
남보다 나중에 근심하고 먼저 기뻐하지[9] 않으리라.

癸卯夏久旱乃雨 友人贈詩求和

枯魚萬姓幸甘霈、粒粟斯民孰使然。
人能順理恒時雨、天必至仁每有年。

---

8) 남제(南齊) 때 공치규(孔稚珪)가 자기 집 마당의 잡초를 뽑지 않아 그 안에서 개구리들이 매우 시끄럽게 울어 대므로, 누가 그에게 물었다. “그대가 뜰을 소제하지 않고 지저분하게 내버려 두던 진번(陳蕃)을 닮고자 해서 이렇게 두는가?” 그러자 공치규가 웃으면서 말하기를 “나는 이 개구리의 울음소리를 양부(兩部)의 음악 연주로 삼는 것일세. 어찌 반드시 진번을 본받으려 하겠는가?[我以此當兩部鼓吹, 何必期效仲擧?]”라고 하였다. 『남제서(南齊書)』 권48. 양부는 입부(立部)와 좌부(坐部)로 나누어 악기를 연주하는 것을 말한다.

9) 범중엄(范仲淹)의 「악양루기(岳陽樓記)」 마지막 구절에, “천하 사람이 근심하기에 앞서 근심하고, 천하 사람이 즐거워 한 뒤에 즐거워한다.[先天下之憂而憂, 後天下之樂而樂.]”고 한 것을 뒤집어 놓은 말이다.

歡聲四野蛙鳴渚、生色千門柳濕烟。

處世非徒吾一己、莫敎憂後樂還先。

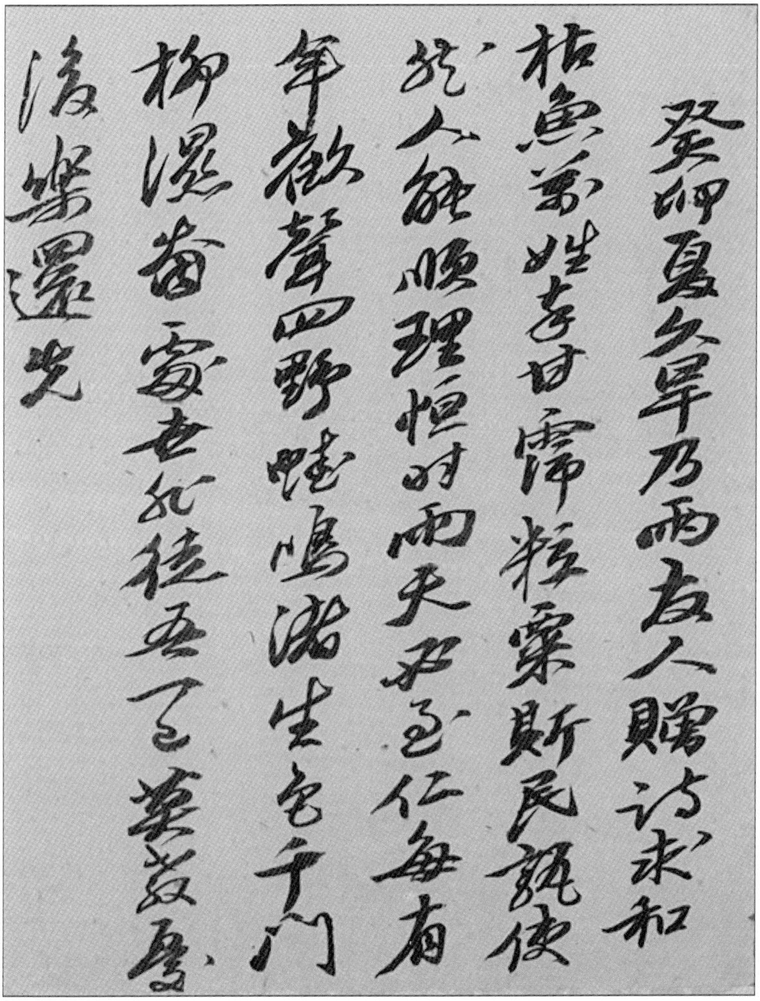

연세대학교 이승만연구원 소장

우인이 지어준 시에 또 차운하다

일찍이 청산에 이 몸을 붙이리라 생각했건만
어쩌다 봄날 뒷간에 잘못 떨어진 꽃처럼 되었나.
오래 떠돌아다니며 앞길 막힌 나그네 되고 보니
어쩌다 만나도 모두가 길 잃은 사람일세.
시렁에 가득한 책들이 외로움을 달래고
작은 창의 바람과 달이 가난을 풍요롭게 하네.
그대여! 옥을 품었다고 부질없이 자랑 마소
갈고 닦지 않으면 누가 참과 거짓을 가려내겠소.

又次友人贈韻

早擬青山寄此身。如何誤落溷花春。
久遊自是窮途客、奇遇無非失路人。
滿架圖書堪慰僻、半窓風月可饒貧。
勸君莫謾誇懷玉、不琢誰能辨假眞。

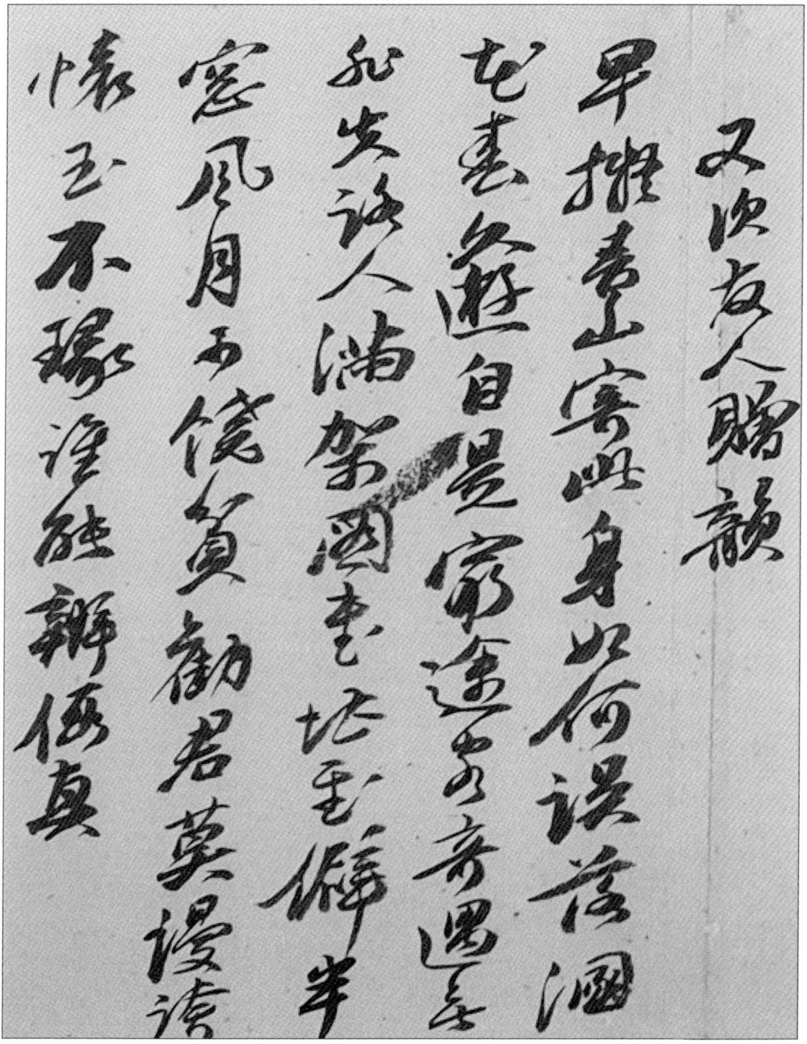

연세대학교 이승만연구원 소장

우연히 읊다

태평스럽게[10] 그대는 술을 마시고
비분강개한 나는 노래 부르네.
고개 돌려 어디로 가나
안개와 물결 아름다운 시골이라오.

偶呼

太平惟爾酒、慷慨是吾歌。
回頭何處去。湖海足煙波。

10) 신호열 번역본에는 원문이 "猖狂"으로 되어 있다. '미치광이처럼'이라는 정반대의 뜻이 된다.

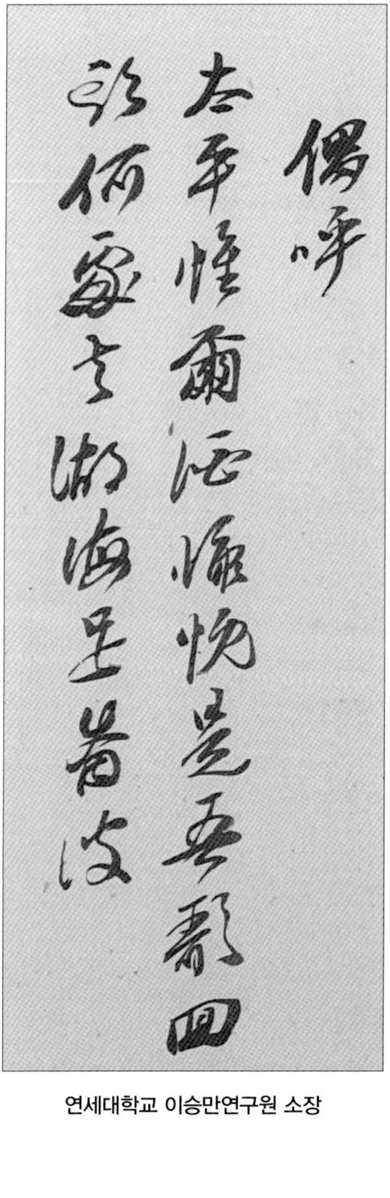

연세대학교 이승만연구원 소장

서양 각지에 있는 여러분들의 원운에 또 차운하다

1.

중생이 모두 꿈이건만 꿈은 참이 아니니
깬 사람이 몇이며 취한 사람은 몇이던가.
부귀한 누대도 풀과 나무에 덮히고
영웅의 사업도 잿더미 되었네.
송옥도 돌아가지 못한 채 어느덧 가을인데[11)]
소동파가 배 띄우려니 달빛이 새롭구나.[12)]
천지가 넓건만 내 몸 두기에는 좁아
오래도록 청춘을 창 하나에 가둬 두다니.

又次外西間諸公原韻

衆生都夢夢非眞。幾個醒人幾醉人。
富貴樓臺多樹草、英雄事業亦灰塵。

---

11) 초(楚)나라 문인 송옥(宋玉)이 지은 『초사(楚辭)』 권6 「구변(九辯)」에 "슬프다, 가을의 기운이여. 쓸쓸하구나. 초목은 나뭇잎 져서 쇠하였도다. 구슬퍼라, 타향에 있는 듯하구나. 산에 올라 물을 굽어봄이여, 돌아갈 사람을 보내도다.[悲哉秋之爲氣也 蕭瑟兮 草木搖落而變衰 憭慄兮 若在遠行 登山臨水兮 送將歸]"라고 하였다.

12) 소동파의 「적벽부(赤壁賦)」 첫 구절 "임술년 가을 7월 16일에 소자(蘇子)가 손님과 배를 띄워 적벽(赤壁) 아래 노니노라니, 맑은 바람이 천천히 불어오고 물결은 일지 않았다. 술을 들어 손님에게 권하며 명월(明月)의 시를 외고 요조(窈窕)의 장(章)을 노래하노라니, 이윽고 달이 동쪽 산 위에 떠올랐다.[壬戌之秋, 七月既望, 蘇子與客, 泛舟遊於赤壁之下. 淸風徐來, 水波不興. 擧舟屬客, 誦明月之詩, 歌窈窕之章. 少焉, 月出於東山之上.]"를 떠올리며 지은 구절이다.

宋玉未歸秋氣早、蘇仙欲泛月光新。

自恨乾坤容我少、一窓許久鎖青春。

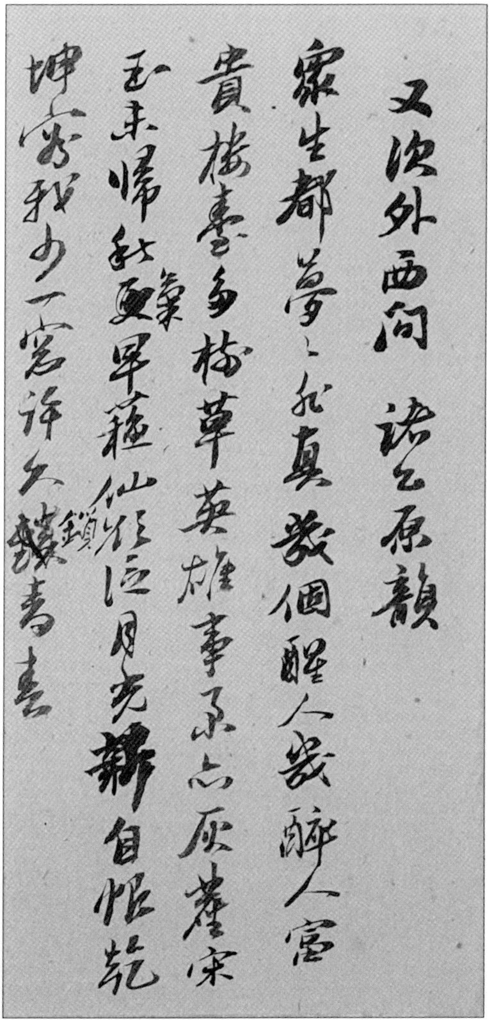

연세대학교 이승만연구원 소장

2.

마음대로 울거나 웃지도 못하건만
죽는 것 싫고 사는 게 좋으니 나 또한 사람일세.
머리 위 하늘엔 괴로운 비만 많고
눈 앞에도 더럽지 않은 땅은 없구나.
여름철 빈대를 겪고 났더니
가을 모기가 느지막히 다시 덤비네.
가난을 이겨 살아나게 할 약은 무언가
동풍이 밤새 불어야 온 세상에 봄이 오지.

笑啼不敢任情眞。惡死喜生我亦人。
頭上有天多苦雨、眼前無地不腥塵。
經來夏蝎飢還毒、忍復秋蚊晩更新。
欲問療貧蘇困藥、東風一夜萬家春。

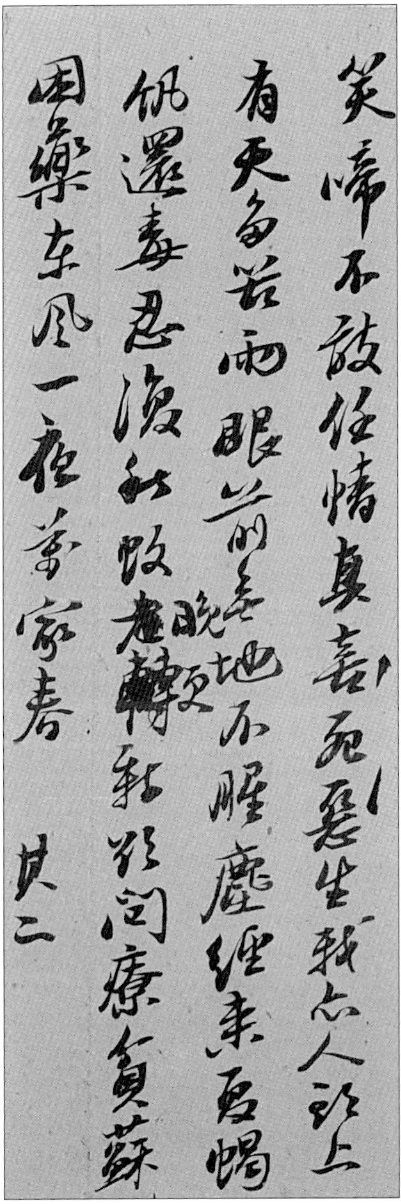

연세대학교 이승만연구원 소장

꿈속에 지은 시에 화답하다[13)]

1.

고당에서 백발[14)]로 두 줄기 눈물 흘리시니
차마 세월을 이 가운데 흘러가게 하랴.
충과 효를 아울러 다하기 어려운 것을 이미 알고도
부질없이 기나라 하늘을 머리에 이고 밤낮 시름하네.[15)]

和夢中詩

雙淚高堂鶴髮秋。忍教歲月此中流。
已知忠孝難兼盡、謾戴杞天日夜愁。

---

13) 신호열 번역본에는 「李基東의 夢中詩를 和作함(二首에서)」라는 제목으로 제1수만 싣고, 원문 제목을 「和李基東夢中詩(二首選一)」이라고 하였다.

14) 이백(李白)의 「장진주(將進酒)」에 "그대는 보지 못했는가? 고당에서 거울을 보며 백발을 슬퍼했는데, 아침에는 검푸른 실 같더니 저녁엔 흰 눈빛과 같은 것을.[又不見高堂明鏡悲白髮, 朝如青絲暮如雪.]"이라고 하였다. 고당은 높고 큰 집을 가리키기도 하고 부모가 사는 집을 가리키기도 하는데, 흔히 어머니가 사는 집을 뜻하였다.

15) 『열자(列子)』「천서(天瑞)」에 "기나라에 어떤 사람이 있었는데, 하늘과 땅이 무너지면 자기가 부쳐 살 곳이 없다고 걱정하면서 먹고 자는 것을 폐하였다.[杞國有人, 憂天地崩墜, 身亡所寄, 廢寢食者.]"라는 고사가 보인다. 이 구절에서 기우(杞憂)라는 말이 나왔다. 이 시에서는 이승만이 남들과 다른 선견지명으로 나라의 존망을 걱정했던 것을 뜻한다.

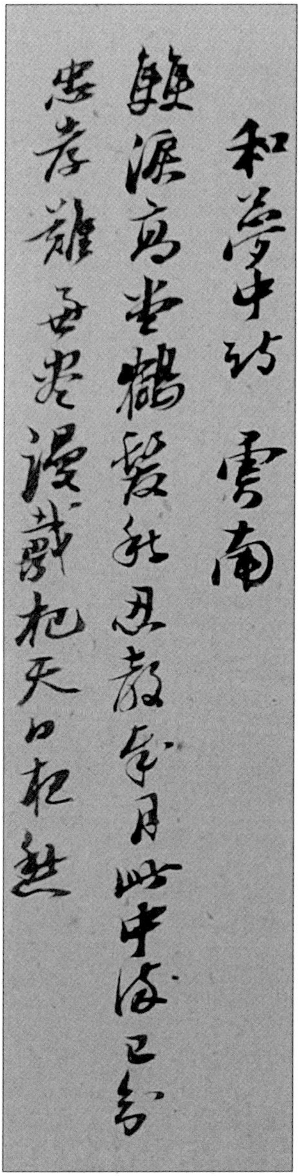

연세대학교 이승만연구원 소장

2.

벌레 소리 싸늘하니 사방이 가을이라
씻은 듯한 하늘에 이슬이 반짝이네.
장안 집집마다 같은 달이 비추건만
몇 집은 기쁘고 몇 집은 시름겹구나.

蟲語凉生四壁秋。一天如洗露華流。
長安城裏千門月、幾處歡聲幾處愁。其二

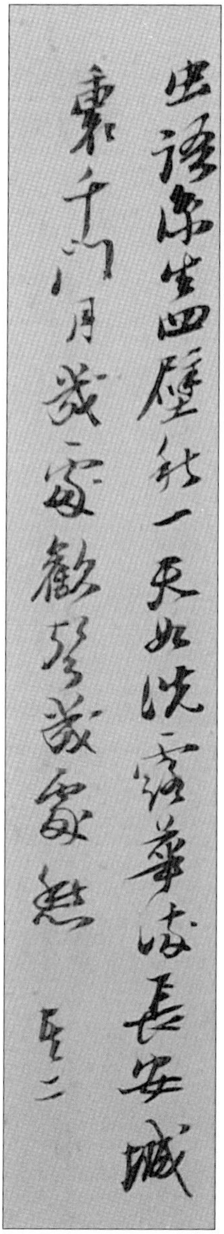

연세대학교 이승만연구원 소장

*** 위의 시 앞에 이기동[16]이 지은 원운(原韻)이 실려 있다.**

꿈 속에 지은 시

이기동

봄부터 여름까지 또 가을을 만나니
예부터 사람들이 세월이 절로 흐른다[17]고 했지.
머지않아 은혜의 비 내릴 것을 아노니
양친과 일곱 아들이 깊은 시름 없어지리라.

夢中詩

李基東

自春至夏又逢秋。從古人言幾自流。
恩雨濛濛知不遠、雙親七子莫深愁。

---

16) 이기동(李基東, 1885~?)은 육군무관학교를 졸업하고 휘문고등보통학교에서 체육 교사로 봉직하며 체육 교과서를 집필하여 체조를 널리 보급하였다.

17) 이백(李白)이 지은 시 「금릉 봉황대에 올라(登金陵鳳凰臺)」에 "봉황대 위에 봉황새가 놀더니, 봉황은 가고 빈 대 앞에 강물만 절로 흐르네.[鳳凰臺上鳳凰遊, 鳳去臺空江自流.]"라고 하였는데, 세월이 흐른 것을 가리킨다.

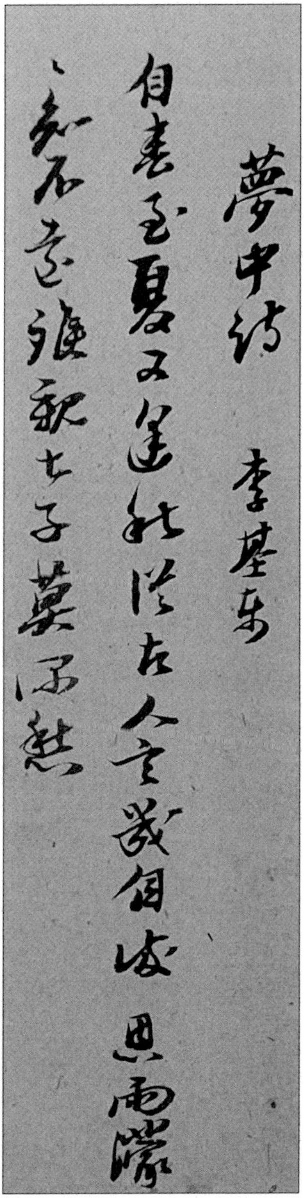

연세대학교 이승만연구원 소장

등불을 읊은 시에 차운하여 짓다

한 오라기 덧없는 인생에 가물거리는 불빛 싸늘한데
밝으면 넣어두고 어두우면 꺼내니 꺼릴 게 없네.
누대에 달이 지니 외로운 그림자 멀고
천지에 바람 없으니 마음[18]이 편안하구나.
오밤중 나그네 창가에 꽃이 흐드러지게 피었건만
십년 서옥에는 눈물이 하염없이 흐르네.
인간 세상에 같은 빛을 길이 전하려면
작은 몸 만 갈래 되는 것을 아끼지 말라.

次詠燈韻

一縷浮生耿耿寒。明藏暗出不嫌難。
落月樓臺孤影遠、無風天地寸心安。
五夜羈窓花爛熳、十年書屋淚汍瀾。
長懷人世同光意、不惜微身作萬端。

18) 마음이 흉중(胸中)의 사방 한 치 되는 사이[方寸間]에 있다고 여겼기에, 마음을 방촌심(方寸心)이라고 하였다. 두보(杜甫)의 「유사마가 이르다(柳司馬至)」에 "서리가 하늘에 내려 추위가 궁궐에 이르니, 임금을 연모하는 촌심이 밝아지네.[霜天到宮闕, 戀主寸心明.]"라고 하였다.

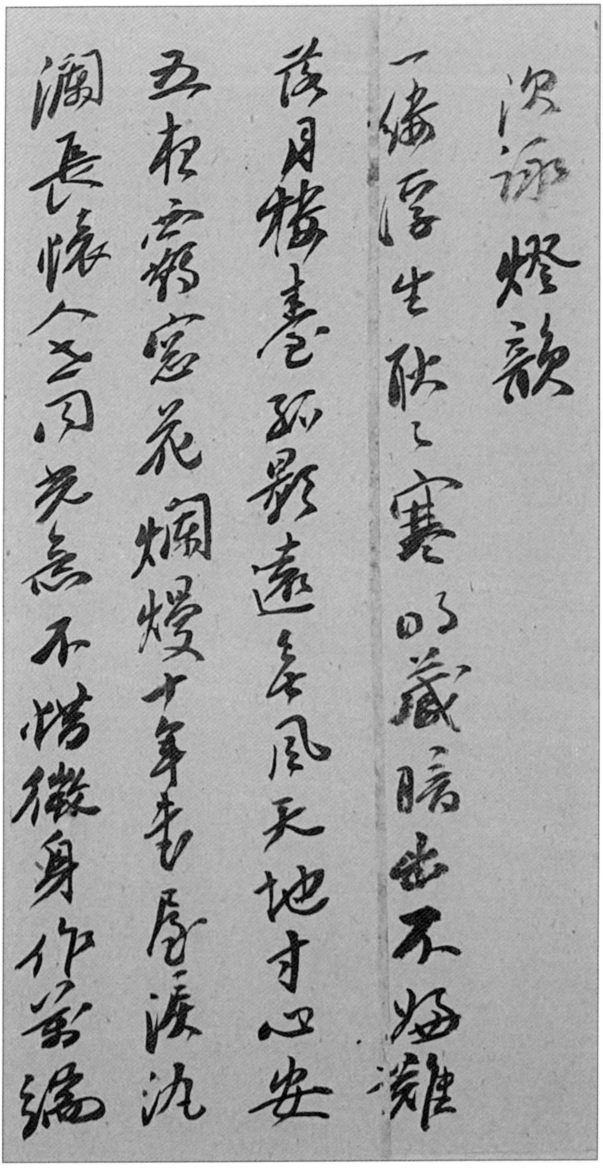

연세대학교 이승만연구원 소장

유리등 시에 고쳐 차운하다

얼음 병에 불을 담으니[19] 밤에도 차갑지 않아
불이 붙든 꺼지든 속에서 하는 거지 밖에서 하긴 어렵네.
바람이 불어도 빛을 지키니 공용이 대단하고
창을 닫으면 그림자가 감춰져 물러나 편안히 거하네.
심천에 밝은 달을 오래 머물러 두고
흉해에 스러지지 않는 물결을 능히 간직하네.
입으로 푸른 연기를 토하고 허리로 기운을 들이마시니
정신이 오직 혀 끝에 있구나.

改次琉璃燈韻

氷壺納火夜無寒。起滅由中藉外難。
風榻護光功用大、盡窓潛影退居安。
心天留得長明月、胸海能藏不盡瀾。
口吐青煙腰吸氣、精神惟在舌尖端。

19) 등적(鄧迪)이 주희(朱熹)의 스승인 연평(延平) 이동(李侗)의 인품을 말하면서 “마치 빙호추월(氷壺秋月)과 같아 티 없이 맑고 깨끗하니 우리들이 미칠 수 없다.” 하였다. 『송사(宋史)』 권428 「이동열전(李侗列傳)」. “빙호추월”은 얼음으로 된 호리병에 맑은 가을 달이 담겼다는 뜻이다. 이 시에서는 유리로 만든 전구(電球)를 가리킨다.

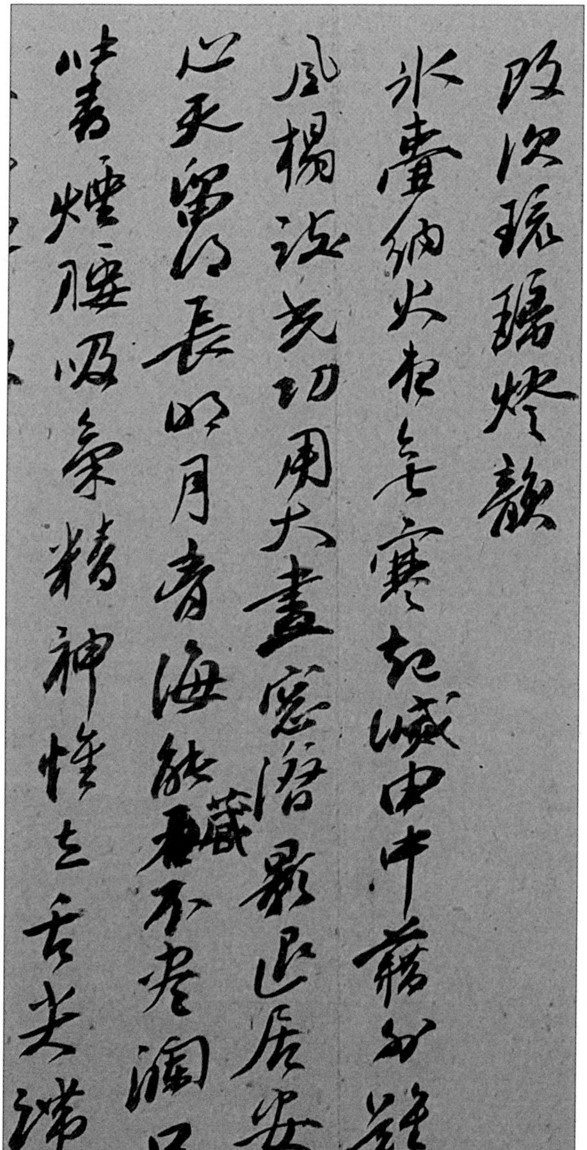

연세대학교 이승만연구원 소장

장기를 읊은 시에 차운하다

초나라 한나라가 강산을 나눠
튀어나오는 말 달리는 차 저마다 쌍쌍일세.
잡았다 놓치는 건 손바닥 뒤집기니
한 판 끝내면 이기건 지건 웃어 넘기네.
훌륭한 책사(策士)는 천리 밖에서 승리 얻지만[20)]
굳센 다섯 병졸이 번갈아 길을 막는구나.
삼면으로 협공해 장군 부르니
벽력 같은 소리에 관문 깨지네.

次詠博韻

平分楚漢舊江山。突馬輕車兩兩還。
元來得喪如飜手、畢竟輸贏付笑顔。
良士決勝千里外、勁兵迭走五途間。
三面夾攻呼將地、一聲霹靂破重關。

---

20) 한(漢)나라 고조(高祖)가 천하를 통일하고 나서 말하기를 "장악 안에서 산가지를 놀리어 천 리 밖의 승리를 결단하는 것은 내가 장자방만 못하다.[運籌策帳幄之中 決勝千里之外 吾不如子房]"고 말했다. 『사기(史記)』 권8 「고조본기(高祖本紀)」.

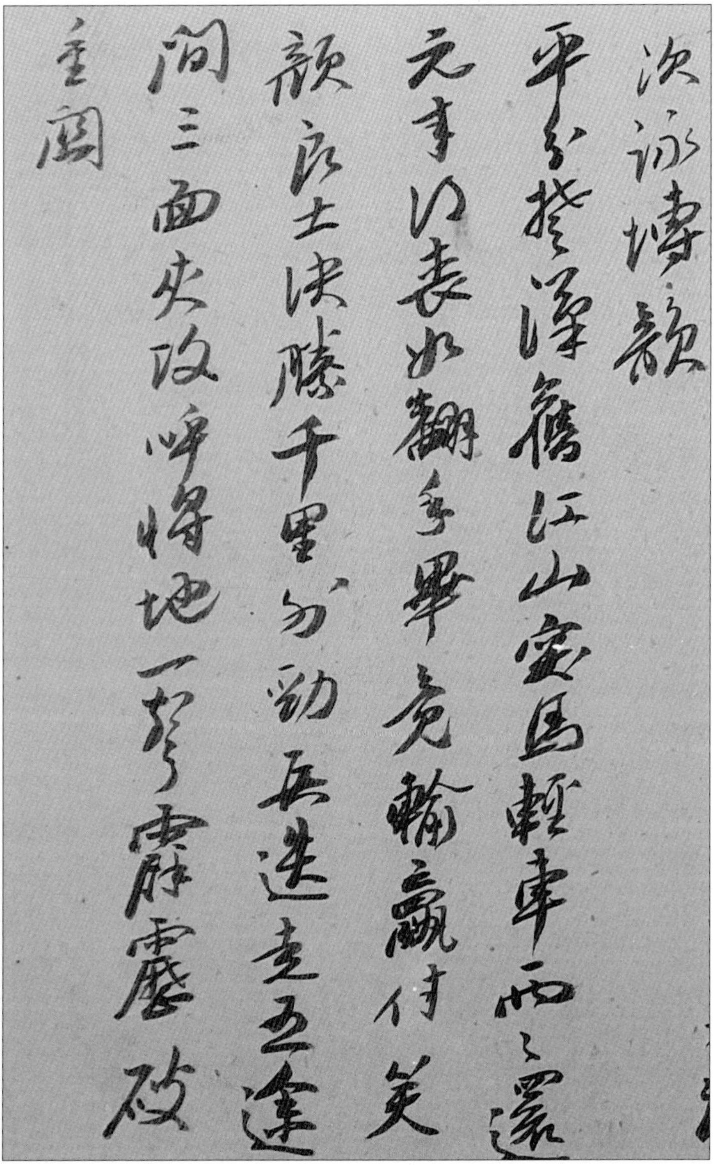

연세대학교 이승만연구원 소장

서양에 있는 여러분의 시에 삼가 차운하여 짓다

몇 년 사이 슬픔과 기쁨도 모르고 살아
새장에 갇힌 새라 돌아가기를 잊고 편안했네.
은둔한 몸도 아니면서 늘 문을 닫고
소탈하게 살다보니 옷도 후줄근하네.
어찌하면 저 밝은 달을 따라 한없이 비출까
외로운 구름 되어 맘껏 날고 싶구나.
곤궁한 생활 달게 여기니 마음 더욱 굳어져[21]
세상 바로잡을 경륜을 잊지 않으리.

敬步外西間諸公原韻

年來悲喜感吾稀。籠鳥猶安自忘歸。
身非隱遯常關戶、性習疎狂未整衣。
焉隨明月無量照、願化孤雲盡意飛。
窮困甘心心復健、經綸誓不此生違。

---

21) 신호열 번역본에는 원문이 달라 "가슴속의 일편단심 가실 리 있소[惟有丹心磨未滅]"라고 번역되었다.

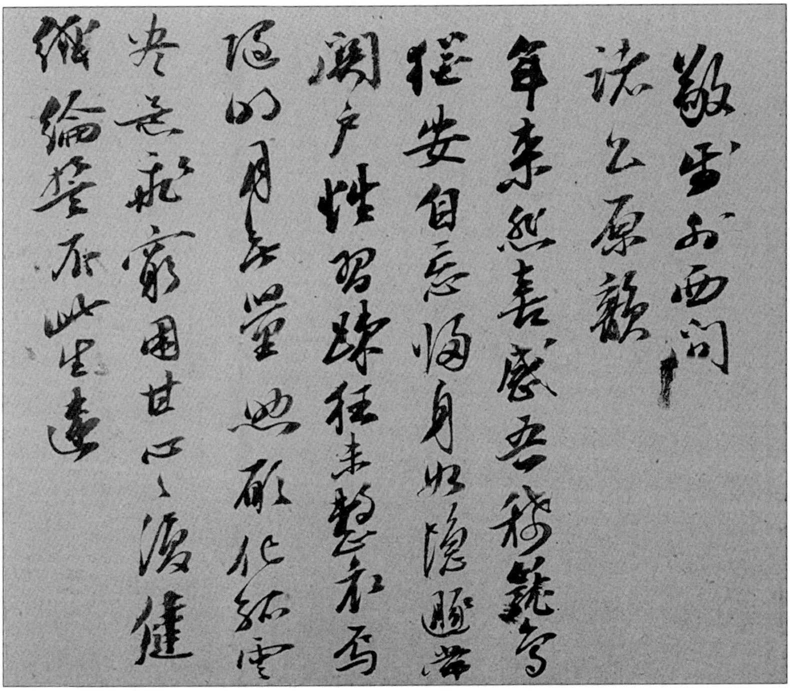

연세대학교 이승만연구원 소장

긍재[22]의 시에 차운하다

뜨락 나무 가을 소리가 아침 저녁으로 들려
홑옷 입은 나그네 마음 서글퍼지네.
저녁노을 비치는 골목에 닭들이 놀고
비 개인 누각에 매미 소리 시원하구나.
조각배에 달 싣고 먼 바다 떠나니
서풍 외로운 성에 다듬이 소리 어지러워라.
구름 걷히자 하늘 더욱 넓어져
겹겹이 쌓인 봉우리가 칼날 같구나.

次兢齋韻

庭樹秋聲暮早生。單衣嫌薄客關情。
鷄羣門巷斜陽照、蟬語樓臺霽景明。
好月扁舟期遠海、西風亂杵又孤城。
煙雲捲盡天空濶、衆嶂崢嶸劍氣橫。

---

22) 긍재는 한성 감옥에 함께 갇혀 있던 유성준(兪星濬, 1860~1934)의 호다. 1883년 10월 정부 유학생으로 일본 게이오의숙(慶應義塾)에 입학했으며, 재학 중 요코하마세관에서 사무를 익혔다. 정부 명령으로 수신사 서상우(徐相雨)를 따라 1885년 1월 귀국한 뒤, 대한제국 관원으로 여러 관직에 등용되었다. 1902년 3월 '유길준 쿠데타 음모사건'에 연루되어 국사범으로 경위원(警衛院)에 체포되어 수감되었는데, 수감 중 기독교를 믿게 되었다. 1904년 2월 황주군 철도(鐵島)로 3년 유배형을 받았다가 1905년 5월 유배형에서 해제되었다. 1907년 보성전문학교 제2대 교장에 취임하였으며, 병합 후 충청남도, 강원도 도지사 등 여러 관직을 거쳤다. 유길준(兪吉濬)의 아우로, 이승만은 감옥 안에서 유길준이 지은『서유견문』을 읽었다.

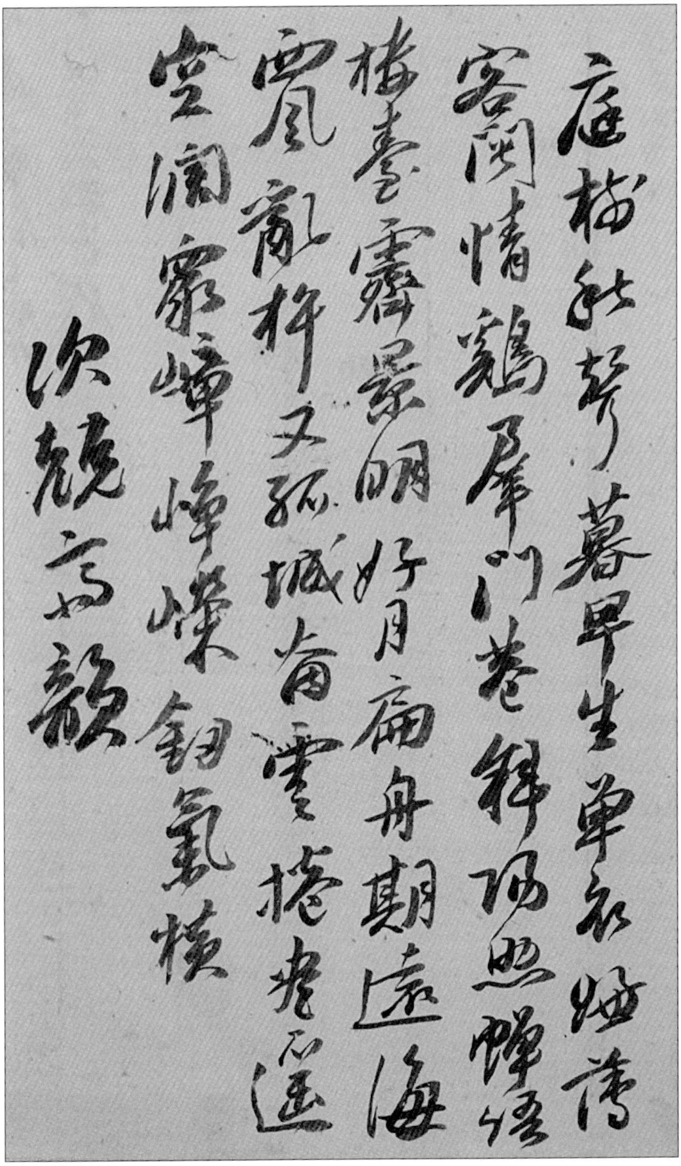

연세대학교 이승만연구원 소장

나막신

미투리도 아니고 가죽신도 아니건만 한결 질겨서
시내와 산을 몇 리고 건네.
푸른 이끼 밟으면 자취가 남고
뜨락에서 달 아래 걸을 젠 그림자 우뚝하구나.
비 내릴 젠 말보다 높게 치더니
개고 나자 고맙던 마음 연기같이 사라지네.
평지에서 발걸음 느리다 싫어 마시게
세상길 걸어가기가 하늘 오르기 만큼 힘들다오.

木屐

非芒非革最長年。數里溪山兩齒前。
踏破綠苔痕錯落、步歸庭月影巍然。
雨中聲價高於馬、霽後恩情薄似烟。
平地莫嫌移屧緩、難行世路等靑天。

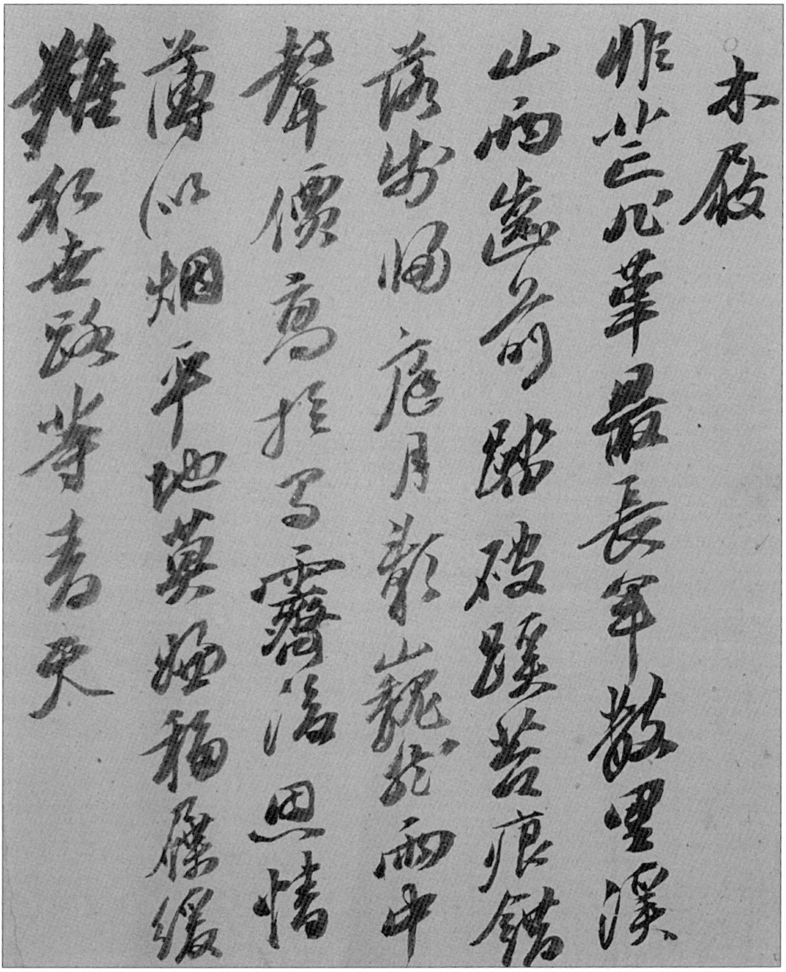

연세대학교 이승만연구원 소장

제3부

상하이 대한민국임시정부 시기에 지은 시

제3부에 실린 시들은 『이화장 소장 우남이승만문서 동문편 제2권』 『체역집』 뒤에 실려 있는데, 체재나 글씨가 다르지만 특별한 설명이 없어서 유래를 알 수가 없다.

『林炳稷 回顧錄: 近代 韓國外交의 裏面史』(서울: 女苑社, 1964)에 이 시 가운데 몇 편의 원문과 번역을 소개하면서 "이밖에 이 항해 동안 이박사가 읊은 시는 허다하였으니, 내가 간직하고 있는 몇 가지를 더 소개하자면-"이라고 하여, 이승만과 함께 상하이로 가던 임병직이 현장에서 쓴 시를 받아 간직하였음을 알 수 있다.

이와는 별도로 이화장에 이승만의 친필 시고 뭉치가 전해지는데, 대부분 『체역집』 시기에 지은 한시이고, 마지막 장에 임시정부 국무회의의 요청을 받고 상하이에 도착하여 지은 글이 두 장 실려 있다. 특별한 제목은 없지만, 제3부에 편집한 시들의 서문 성격이어서 여기에 원문과 함께 소개한다.

민국 2년(1920) 상하이 임시정부로부터 '대통령으로 와서 국무회에 참석해 달라'는 요청을 받았다. 이때 나는 김규식(金奎植) · 노백린(盧伯麟) · 임병직(林炳稷) 제군들과 함께 워싱턴 대표민국정부 구미위원회에 있었기에, 하와이 호놀룰루항을 향하여 떠나 상하이로 여행하는 노정을 탐문하였다.

당시에 일본인들의 항해 규례가 몹시 가혹하였는데, 특히 한국인의 여행이 몹

시 어려웠다. 동양에서 서양으로 가려는 각국의 여행객들은 반드시 일본 항구를 거쳐서 배를 타야 했다. 또 외양(外洋)으로부터 동양으로 오는 여행객들은 반드시 먼저 일본 항구에 정박하여 육지에 내려야 했으므로, 나의 상하이 여행은 가망이 없었다.

나는 호놀룰루항에 와 있던 미국 정부 총세무장인 나의 자랑스러운 지우 윌리엄 보스윅을 차분하게 설득하였다. 그때 마침 네덜란드 국적의 운수선 웨스트 하이카호가 와 있었으므로, 이 친구가 교섭하여 이른 아침에 이 배에 몰래 올라탔다. 이튿날 새벽에 떠나, 이때부터 곧바로 항해하여 상하이에 이르렀다.

民國二年, 自上海臨政, 受大統領來參國務會之要請. 其時我與金奎植盧柏麟林炳稷諸君, 在華盛頓代表民國政府歐美委員部, 發向布哇湖港, 探問上海旅行程路. 其時日人航海規例甚苛酷, 特爲韓人旅行極難. 凡各國行客, 自東洋往西洋者, 必由日本港登船, 且由外洋向東洋者, 必先泊日本港口下陸, 我上海之行, 不可望. 我從容說及知友Honorable William Borthwick, 卽美政府總稅務長, 來留湖港. 時適有荷蘭國運輸船West Hika名來着, 該友交涉, 早朝潛登該船, 正翌曉發行, 自此直行至上海.

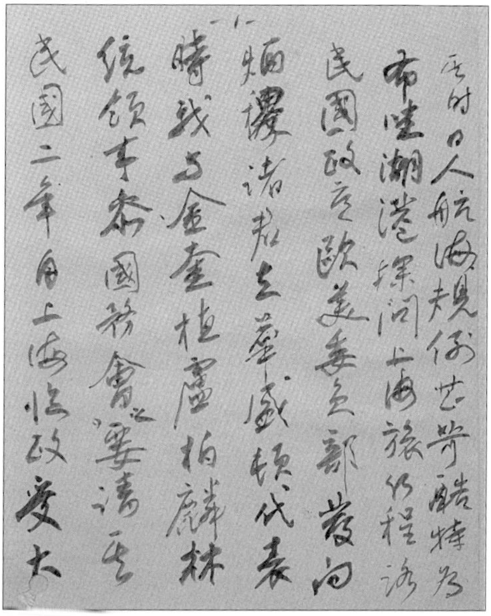

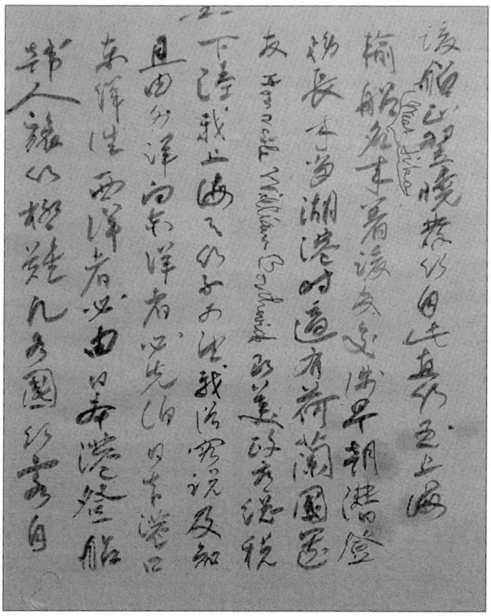

연세대학교 이승만연구원 소장

민국 이년[23] 십일월 십육일에 임병직과 함께 화물선 웨스트 히카호[24]에 몰래 들어가 철궤 속에서 밤을 지내며 배 떠나기를 기다렸다. 이튿날 새벽에 나가 뱃사람을 보고는 청나라 사람 모양으로 가장하고, 호놀룰루 항에서 상하이에 이르렀다.

---

23) 대한민국임시정부가 1919년 9월 11일 중국 상하이에서 건국되었으니, 민국 2년은 1920년이다.

24) 이승만과 임병직은 호놀룰루의 미정부 총세무장(總稅務長)인 친구 보스윅(William Borthwick)의 별장과 자택에 숨어 지내면서 보스윅이 상하이로 가는 안전한 배편을 잡아 줄 때까지 기다렸다. 11월 16일 보스윅은 일본을 경유하지 않고 상하이로 직행하는 홀랜드 국적의 운송선 웨스트 히카(The West Hika) 호의 2등 항해사를 매수하여 두 사람을 선장 몰래 승선시켜 주었다. 유영익, 『이승만의 생애와 건국비전』, (서울: 청미디어, 2019), 129쪽. 이 배를 함께 탔던 임병직은 회고록에서 이 배 이름을 웨스트 하이카로 표기하고, 상황을 자세하게 소개하였다. "뽀드윅씨가 마련한 선박은 칼리포니아에서 木材를 만재하고 상해로 직행하는 和蘭國 소속의 웨스트 하이카(S. S. West Hika)이었으며, 연료공급과 식량준비를 위해 호놀룰루에 며칠 후 寄港하게 되어 있다는 것이다." 林炳稷, 『林炳稷 回顧錄: 近代韓國外交의 裏面史』, (서울: 女苑社, 1964).

민국 이년 동짓달
하와이에서 먼 길 가느라 남몰래 배에 올랐네.[25)]
겹겹 판자문 속에 난로가 따뜻하고
사면이 철벽이라 칠흙같이 어두웠지.
내일 아침부터는 산천도 아득할 텐데
이 밤 따라 세월이 지리하구나.
태평양 위를 두둥실 떠 가니
이 가운데 황천 있음을 그 누가 알랴.
- 이때 중국인의 시체가 든 관이 옆에 있었다.[26)]

---

25) "(1920년) 11월 16일. 임병직과 호놀룰루 출발, 웨스트 히카(West Hika)호에 승선하여 상하이(上海)로 향함. 다음 날 아침 오전 8시가 되어서야 우리가 탄 것이 '눈에 뜨임'" 류석춘 · 오영섭 · 데이빗 필즈 · 한지은 공편, 『국역 이승만 일기: 1904~34 & 1944』, (서울: 대한민국역사박물관, 2015), 106쪽.

26) 임병직의 회고록에서 이에 대해 설명하였다. "며칠 후 우리들이 첫날밤을 지새우던 창고는 중국인 遺骸가 든, 관을 쌓아놓은 곳이라는 것을 알고 氣絶焦風을 하였다. 원래 미국의 華僑들은 죽은 뒤에는 遺骸만이라도 본토에 묻히기 위하여 관에 넣어 이렇게 운송하는 것이라 했다."

民國二年(一九二〇)十一月十六日, 與林炳稷潛入運物船West Hika, 在鐵櫃經夜, 待船發, 明曉出見船人, 佯作淸人樣, 自湖港, 至上海.

民國二年至月天。布哇遠客暗登船。
板門重鎖洪爐煖、鐵壁四圍漆室玄。
山川渺漠明朝後、歲月支離此夜前。
太平洋上飄然去、誰識此中有九泉。- 時有華人尸體入棺在側.

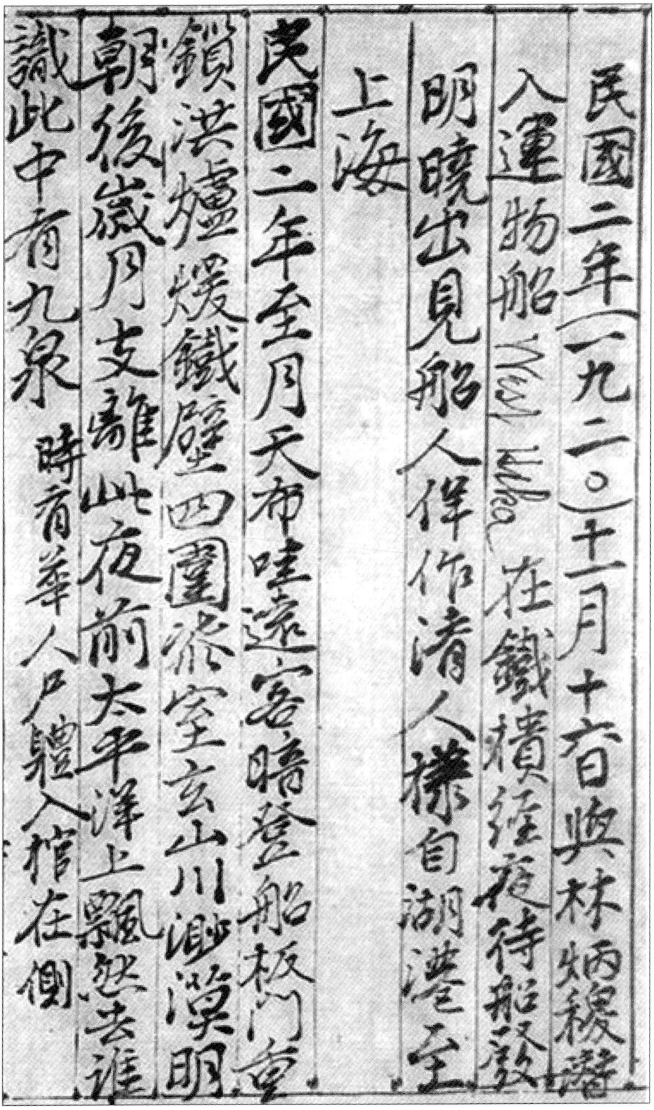

民國二年(一九二〇)十一月十六日與林炳稷潛入運物船 West Hika 在鐵積經夜待船發明曉出見船人佯作清人樣自湖港至上海

民國二年至月天布哇遠客暗登船板門重鎖洪爐煖鐵壁四圍漆室玄山川渺漠明朝後歲月支離此夜前太平洋上飄然去誰識此中有九泉

時有華人尸體入棺在側

출처:『梨花莊 所藏 雩南李承晚文書 東文篇 第二卷』

계원 노백린과[27] 만호 김규식에게[28] 지어 주다

- 이때 두 친구가 카웰라 비치에 있었다.[29]

그대들은 아직 호놀룰루항에 있고
나 홀로 상하이[30] 가는 배를 탔네.
편지를 부치겠다고 일찍이 약속했건만
인편을 빌릴 길이 아주 없었지.
세상에서 숨자고 이름 감춘 게 아닐세
어찌 신선 되려고 곡기를 끊었겠나.
부두 너머로 푸른 물결 드넓으니

27) 노백린(盧伯麟, 1875~1926)은 황해도 송화 출신의 독립운동가로, 대한제국 시기에 육군무관학교 교장을 지냈으며, 삼일운동 이후 상하이 임시정부에 참여하여 군무총장과 국무총리에 취임하였다. 1925년에 미국에 돌아가 구미위원부의 외교위원으로 활동하였다.

28) 김규식(金奎植, 1881~1950)은 언더우드학당과 관립영어학교를 졸업하고 『독립신문』 기자로 취직하였다가 언더우드의 후원을 받아 미국 로노크대학에 유학하였다. 프린스턴대학에서 영문학 석사학위를 받고 귀국한 뒤에 경신학교에서 가르쳤지만, 105인사건 이후 기독교에 대한 탄압이 심해지자 중국에 망명하여 독립운동에 참여하였으며 신한청년당이 1919년 파리강화회의에 수석대표로 파견하였다. 1919년 8월 구미위원부 위원장에 임명되어 미국에서 활동했으며, 9월 11일에 대한민국임시정부가 설립되자 학무총장에 임명되어 상하이로 부임하였다.

29) 이승만은 상하이 임시정부의 학무총장으로 임명된 김규식, 군무총장으로 임명된 노백린과 함께 출발하려 했으나, 10월 28일 보스윅이 운전하는 자동차를 타고 호놀룰루와 반대쪽 카웰라 베이에 있는 보스윅의 별장으로 가서 의논하다가, 위험을 분산하기 위해 김규식과 노백린은 다른 배편으로 오게 하였다.

30 원문의 호항(湖港)은 이승만이 출발하는 하와이의 호놀룰루이고, 호주(滬洲)는 상하이의 옛이름이다. '호'자의 음이 같은 것을 이용해, 옛이름을 가져다 쓴 것이다. 진(晉)나라 때 송강(松江, 지금의 蘇州河)과 임해 일대의 주민들이 고기잡이를 생업으로 삼으면서 대나무로 "호(扈)"라고 부르는 낚시 도구를 만들어 사용했고, 당시 장강의 지류가 바다로 이어지는 곳을 "독(瀆)"이라고 불렀기 때문에, 송강 하류 일대(현재 소주하와 황포강이 만나는 지대)를 "호독(扈瀆)"이라고 불렀다. 나중에 "호(扈)"를 "호(滬)"라고 부르게 되었다.

내일 아침엔 생각이 아득하겠지.

贈桂園盧伯麟晩湖金奎植 時二友在Kawela Beach

君猶湖港客、我獨滬洲船。　寄書曾有約、借便奈無緣。

藏名非遯世、絶食豈求仙。　灣外蒼波濶、明朝思渺然。

贈桂園盧伯麟晩湖金奎植 時二友在Kawela Beach

君猶湖港客我獨滬洲船寄書曾有約借

便奈無緣藏名非遯世絶食豈求仙灣

外蒼波濶明朝思渺然

출처:『梨花莊 所藏 雩南李承晩文書 東文篇 第二卷』

배 안에서 짓다

1.

이른 새벽 낡은 옷 입은 나그네
북풍에 돛을 올리고 가네.
밤새도록 몰래 숨어 있다가
날이 밝자 천천히 걸어 나갔네.[31)]
옷차림은 청나라 사람이지만
이름은 '쟌'이라 불리니,[32)]
쓰라린 마음을 어찌 다 말하랴
아는 이 적어서 다행이라오.

舟中卽事

清曉塵衣客、北風掛帆時。
終夜歸藏密、平明步出遲。

---

31) 임병직의 회고록에서는 이에 대해 다르게 설명하였다. "마침내 새벽이 밝아오는지 드디어 배가 움직이기 시작하였다. 그제서야 우리들은 긴 한숨을 내 뿜으며 안도하였다. 그러나 우리는 창고에 그냥 있어야 했으며 배가 바다 한 가운데까지 나가야만 안심할 수 있었던 것이다. 그 이전에 선원에게라도 발각이 되면 下陸당할 염려가 있는 것이다. 오직 절박한 긴장 속에 수 시간을 보냈던 것이다. 그런 얼마 후 우리들은 이 창고 문을 열러 온 선원에게 발각이 되었다. 그는 驚異에 찬 목소리로, 「두 되놈이 탔다!」(Two Chinamen!)고 울부짖는 것이었다. 몰려온 선원들에게 붙들리어 우리들은 선장실로 안내되었다."

32) 뱃사람이 우리 두 사람을 중국 사람이라고 보기에, 이름을 쟌(John)이라고 했다. (원주)

行色支那子、姓名約翰兒。- 舟人視我兩人爲華人, 名之曰John.

辛酸何足道、猶喜少人知。

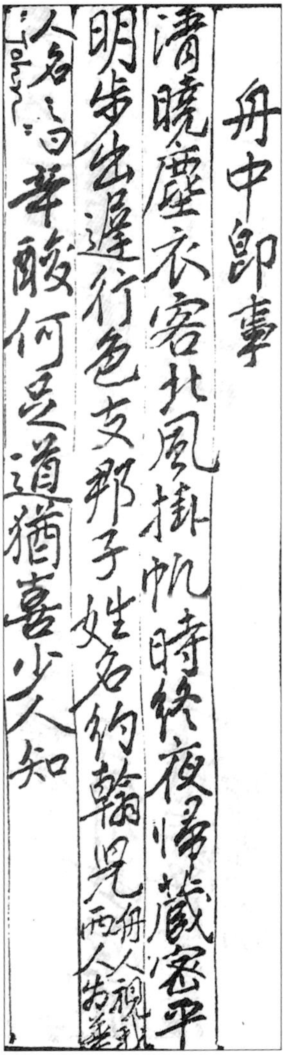
舟中卽事
淸曉塵衣客北風掛帆時終夜歸藏密平
明步出遲行色支那子姓名約翰兒舟人視我兩人爲華
人名之曰John 辛酸何足道猶喜少人知

출처: 『梨花莊 所藏 雩南李承晩文書 東文篇 第二卷』

2.

바람 타고 물결 부수며 큰 바다 달리는 배
저녁에 하와이 떠나[33] 엿새가 지났네.
밤기운 차가우니 북방인 줄 알겠구나.
안개 속에 해 돋으니 동쪽이겠지.
머리 위 하늘에는 별과 달이 비치고
눈 앞에는 땅 없이 물과 구름 뿐일세.
온 길을 헤아리니 일만오천리
삼분의 이가 아직도 남았구나.

又

凌風破浪大洋船。暮過檀山已六天。
夕氣送寒知北上、朝陽披霧指東邊。
頭上有天星月照、眼前無地水雲連。
一萬五千餘里路、三分之二尙茫然。

---

33) 정확하게 표현하면 이승만 일행이 밤에 배를 타고 새벽에 배가 떠났다. “우리 두 사람은 배가 出航하는 전날 밤, 노동자차림으로 僞裝하여 뽀드윅씨가 안내하는 보트를 타고 비밀리에, 웨스트 하이카에 올라 타게 되었다. 이때가 一九二O년 十一월 十二일! 캄캄하고 조용한 깊은 밤중이었다. 이박사의 손을 잡고 나는 배 밑으로 숨을 죽여가며 내려갔으며, 닥치는대로 문을 열고 보았으나 모두 잠겨 있었고 오직 창고 비슷한 쇠문 하나가 열리어 있었던 것이다. 우리들은 그 속에 몸을 감추었다. 우리들은 긴장 속에 그날밤을 지새우다시피 하였다. 마침내 새벽이 밝아오는지 드디어 배가 움직이기 시작하였다.” 林炳稷,『林炳稷 回顧錄』.

凌

又

暮風破浪大洋船暮過檀山已六天夕氣
送寒知北上朝陽披霧指東邊頭上有天
星月照眼前無地水雲連一萬五千餘里路
三分之二尚茫然

출처:『梨花莊 所藏 雩南李承晩文書 東文篇 第二卷』

3.

뱃사람이 나더러 누구냐고 물었네.
"고향 떠난 나그네 중국 사람이라오.
양자강 아름다운 경치를 청춘에 헤어져
하와이의 바람 서리[34]에 백발 희끗해졌다오.
돈만 아는 세상에 살림 가난해
푸른 나무 고향 뒷동산을 자주 꿈 꾼다오."
이 말 듣고 처량하게 뒤돌아보며 말했네.
"늙은이 신세가 정말 가엽구려."

又

舟人問我是何人。故道中華去國臣。
揚江雲樹靑春別、檀島風霜白髮新。
黃金世界生涯淡、綠樹鄕園夢想頻。
聞此悽然相顧語、斯翁身勢正堪憐。

---

34) 林炳稷,『林炳稷 回顧錄』에 이 시를 의역하면서 "檀島風霜(註 하와이)"라고 하였다.

又

舟人問我是何人故道中華去國臣楊

江雲樹青春別檀島風霜白髮新黃

金世界生涯淡綠水鄉園夢想頻聞此

悽然相顧語斯翁身勢正堪憐

출처: 『梨花莊 所藏 雩南李承晩文書 東文篇 第二卷』

4.

태평양 물이 하늘 따라 끝없어[35]
아득한 가운데 하와이가 있네.
여러 봉우리들이 여기저기 솟아나고
기이한 꽃과 풀이 사철 향기롭구나.
삼주의 선박들이 몰려드는 갈림길
만국 사람들이 모여드는 시장이라오.[36]
바다의 봉래산이[37] 어디에 있던가
맑은 바람[38]과 밝은 달 여기가 신선세계라오.

太平洋水共天長。縹緲檀山在彼央。
衆嶂層巒無地起、奇花異草四時香。
三洲舸艦交叉路、萬國衣冠互市場。
海上蓬萊何處在、璇風瑯月是仙鄉。

35) 원문 "水共天長"은 당(唐)나라의 문장가 왕발(王勃)이 지은 「등왕각서(滕王閣序)」의 한 구절 "지는 노을은 외로운 따오기와 나란히 날고, 가을 강물은 긴 하늘과 함께 한 빛일세.[落霞與孤鶩齊飛 秋水共長天一色]"에서 나왔다. 『고문진보(古文眞寶) 후집』 권2.
36) 이 두 구절 역시 「등왕각서(滕王閣序)」의 "누대(樓臺)와 해자는 초(楚)나라와 중화(中華) 사이에 자리잡고 있으며[臺隍枕夷夏之交], 이곳에 모인 빈객(賓客)과 주인은 모두 동남의 훌륭한 인물들일세[賓主盡東南之美]"라는 구절과 같은 구조이다.
37) 봉래산은 동해에 있는 삼신산의 하나인데, 신선들이 살았다고 한다. 우리나라에서는 한라산을 삼신산 가운데 하나인 영주산에, 금강산을 봉래산에, 지리산을 방장산에 비하였다.
38) "선풍(璇風)"은 선궁(仙宮)의 바람을 뜻한다. 선궁은 전설 속의 신선이 사는 곳이다.

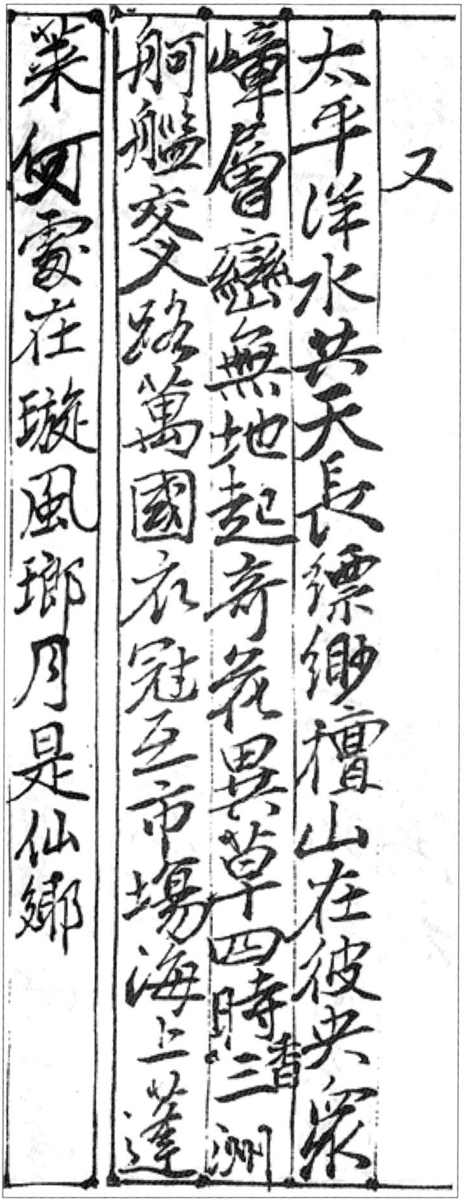

又

太平洋水共天長
縹緲檀山在彼央
衆嶂層巒無地起
奇花異草四時香
三洲舸艦交路
萬國衣冠互市場
海上蓬萊何處在
璇風瑯月是仙鄉

출처:『梨花莊 所藏 雩南李承晩文書 東文篇 第二卷』

5.

태평양 비와 바람을 한 배에 싣고
스무 날 동쪽으로 건너 아시아에 왔네.
강소성[39]에서 내 고향이 멀다고 마소
강산의 풍경이 한양과 같구나.

風風雨雨大洋舟。東渡二旬到亞洲。
莫道江蘇鄕國遠、雲山猶似漢陽秋。[40]

---

39) 상하이가 중화민국에서 직할시가 되기 전에는 장쑤성(江蘇省)에 속하였다.

40) 이승만이 11월 17일에 쓴 아래의 일기를 보면 여기까지 적어놓은 시가 이날 지은 듯하다. "(1920년) 11월 17일. 임병직과 나는 부자지간으로 알려짐. 항해 중에 겪은 일들을 한시 몇 수로 적어 봄." 류석춘·오영섭·데이빗 필즈·한지은 공편, 『국역 이승만 일기』, 106쪽.

又

風風雨雨大洋舟 東度二旬到亞洲 莫道江籬鄉國遠 雲山猶似漢陽秋

출처: 『梨花莊 所藏 雩南李承晩文書 東文篇 第二卷』

십이월 오일 황포강에 배를 대고 몰래 육지에 올라 맹연관에 잠시 머물다

- 장붕에게 편지를 보내고 그가 오기를 기다리며[41]

맹연관[42] 나그네 잠 못 이루는데
기다리는 벗은 오지 않고 가랑비만 내리네.
하루 종일 책 보노라니 눈이 어지러워
등불 등지고 누워서 새 시를 짓네.

十二月五日, 船泊黃浦江, 潛上陸, 暫寓孟淵館.
投書張鵬, 待其來.

孟淵館裏客眠遲。待友不來細雨時。
盡日看書衰眼暈、背燈偃臥試新詩。

---

41) 이승만과 임병직은 12월 5일 오전 열 시 목적지 상하이에 도착했다. 선장의 특별 배려로 그들은 상하이 황푸강(黃浦江) 부두에 검사 없이 상륙하여 인력거를 타고 중국인 거리로 직행, 멍위엔관(孟淵館)이라는 여관에 투숙했다. 여기에서 이승만은 미리 연락해 둔 장붕에게 상하이 도착 사실을 편지로 알렸다. 장붕은 이승만의 심복이며 상하이 임정의 의정원 의원이었다. 이승만은 이틀 뒤에 나타난 장붕으로부터 현지 사정을 브리핑받고 난 후 임정에 자신의 상하이 도착 사실을 알렸다. 유영익, 『이승만의 생애와 건국비전』, 129~130쪽.

42) "맹연관은 英國租界 안에 있었으며 이곳에서 旅毒을 풀도록 마련이 된 모양이다. 그래서 우리는 불란서조계 안의 寶昌路 三二號에 있는 임시정부로 가기 전에 며칠을 여기서 유하게 되었다. … 여관은 그리 고급은 아니었으나 그렇다고 지나치게 허술한 곳도 아니었다. 다만 자동차 달리는 騷音, 인력거꾼의 고함, 중국인들의 거칠은 말소리에 단잠을 잘 수 없음이 험이라면 험이었다." 林炳稷, 『林炳稷 回顧錄』.

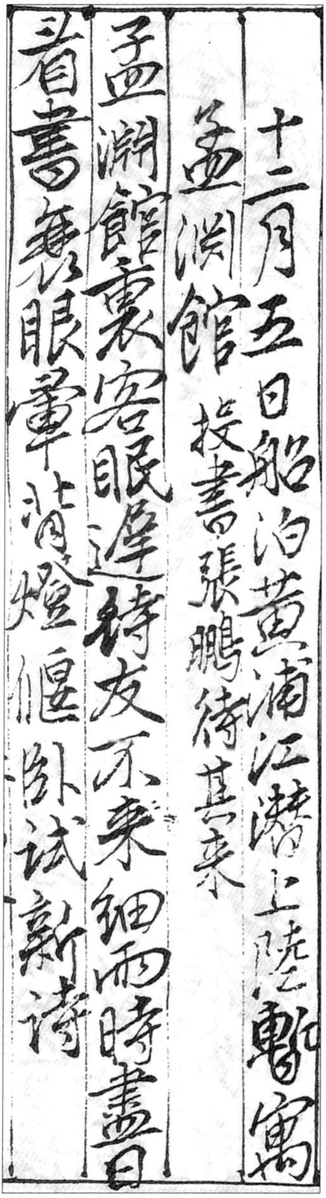

十二月五日船泊黃浦江潛上陸寓

孟淵館 投書張鵬待其來

孟淵館裏客眠遲待友不來細雨時盡日

看書無眼暈背燈偃臥試新詩

출처:『梨花莊 所藏 雩南李承晩文書 東文篇 第二卷』

천구백이십일년 삼일절[43] 상하이에서 우연히 읊다

섬오랑캐가 반도를 침략한 것을 어찌 차마 보랴
압록강 물결 노하고 백두산도 그늘졌네.
백제 신라 때에는 이웃 정의가 중했건만
임진 을미년에[44] 대대로 원수 깊어졌네.
이천만 우리 겨레 살 길을 찾아
삼십여 현인이[45] 죽음으로 맹세했네.
사람이 뭉치면 하늘과 땅도 힘을 합하니
병영도 불사르고 군함도 가라앉히리.

一九二一年三一節, 在上海偶唫.

半島忍看島族侵。綠江波怒白山陰。
百濟新羅隣誼重、壬辰乙未世讐深。
二千萬衆求生計、三十餘賢決死心。
人和天地皆同力、營可燒除艦可沈。

---

43) 삼일절은 대한민국 건국 이후에 국경일로 정해졌지만, 이 시기 임시정부에서 삼일절이라는 용어를 이미 사용하였으며, 1921년 3월 2일자 『신한민보』에도 "三一절"이라는 명칭을 제목으로 뽑아 실었다.

44) 임진년(1592)은 임진왜란이 있던 해이고, 을미년(1895)은 명성황후 시해사건이 있던 해이다.

45) 2년 전인 1919년 3월 1일에 독립선언서를 작성하고 민족대표로 서명한 33인을 가리킨다. 인쇄하여 그날 나눠준 문서의 제목은 「宣言書」인데, 대한민국역사박물관에서는 「기미독립선언서」, 문화재청 국가유산문화포털과 한국민족문화대백과사전에서는 「삼일독립선언서」라는 제목으로 소개하였다.

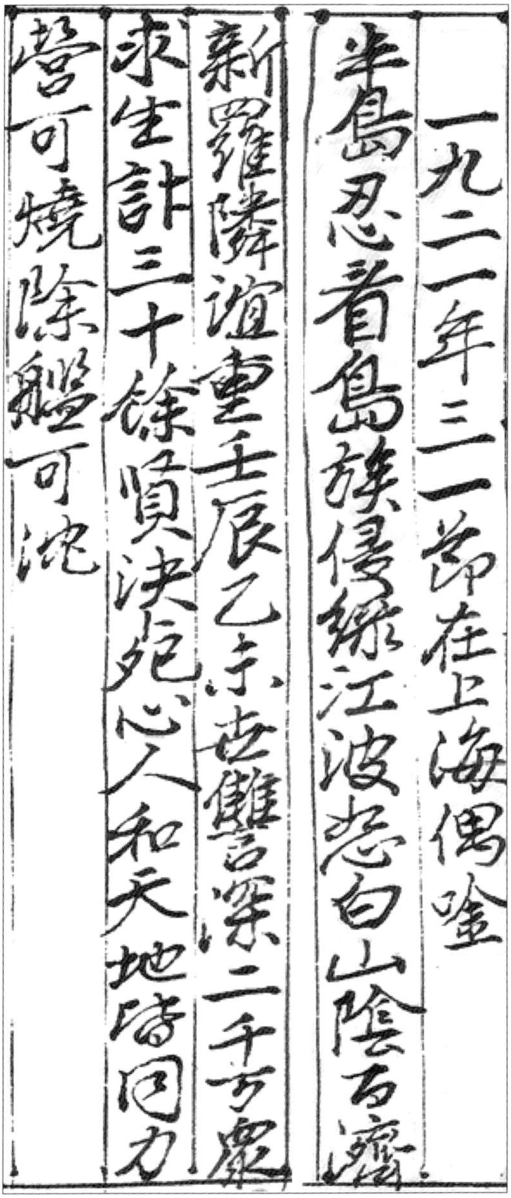

一九二一年三一節在上海偶唫

半島忍看島族侵 綠江波怨白山陰 右鄰

新羅隣誼重壬辰 乙未古雖讐案 二千萬衆

求生計 三十餘貿決死心 人和天地時回力

礮可燒除艦可沈

출처: 『梨花莊 所藏 雩南李承晩文書 東文篇 第二卷』

제4부

독립운동 시기
외국에서 지은 시

1920년 상하이 임시정부에서 미국으로 돌아와 1945년 광복(光復)이 될 때까지 이승만이 지은 한시는 현재 3수를 발견하였다. 영어로 생활하던 시기였으므로 많이 짓지 않은 듯하다.

근촌(芹村) 인형께

어느 누가 삼척검[46]을 가졌는지
내 구곡 간장을 베어내고 싶구나.
장부의 한 없는 한을
태평양 바닷물로 씻어 버리게.

- 정묘년(1927) 7월에 우남이 지난날 도미(渡美) 시에 우연히 읊은 시 1수를 써서 근촌(芹村)[47] 인형께 드리다.

芹村仁兄雅鑒

有誰三尺劍、剖我九回腸。
丈夫無限恨、滌盡太平洋。

- 歲丁卯秋七月, 雩南生書往日渡美時偶詠一首, 爲囑芹村仁兄雅鑒

---

46) 옛날에는 검의 길이가 거의 대부분 석 자였기 때문에 붙여진 이름이다. 한(漢)나라 고조(高祖) 유방(劉邦)이 천하를 통일한 뒤에 "나는 포의의 신분으로 일어나서 삼척의 검을 손에 쥐고 천하를 취했으니, 이것이 천명이 아니고 무엇이겠는가.[吾以布衣提三尺劍取天下 此非天命乎]"라고 말한 고사가 유명하다. 『사기(史記)』 권8 「고조본기(高祖本紀)」.

47) 근촌(芹村)은 백관수(白寬洙, 1889~1961)의 호로, 1919년 2월 도쿄에서 조선청년독립당을 조직하고 단장이 되어 조선독립선언서를 발표하며 독립운동에 헌신하였다. 1927년 하와이에서 열린 제2차 태평양회의에 한국 대표로 참석하였으며, 1948년 제헌국회의원에 당선되었다가, 한국전쟁 때 납북되었다.

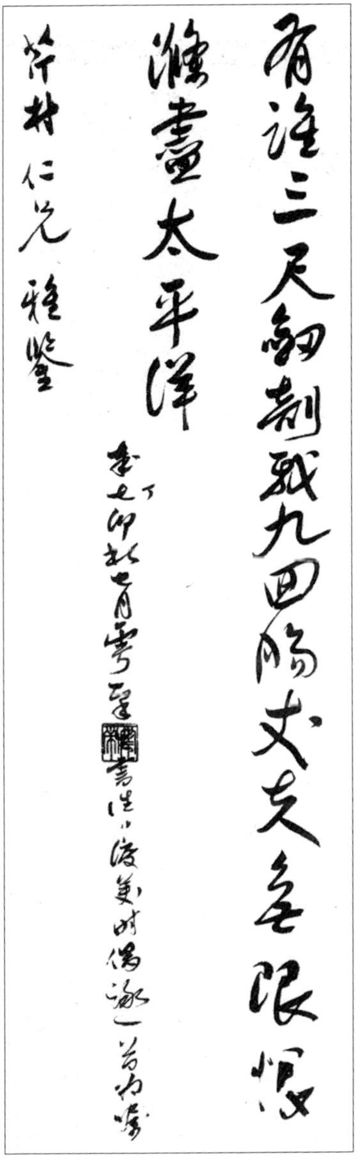

출처: 『雩南李承晚博士書集』

벨뷰 호텔에서 일찍 일어나다[48]

아리따운 새가 어찌 일찍부터 울어대나
누각 속엔 먼길 나그네 잠들어 있는데.
제네바 호의 한없는 경치 중에서
새벽의 산과 하늘이 가장 좋구나.
- 원문의 '津湖'는 제네바 호수(Geneva Lake)를 가리킨다.

Belle-vue Hotel[49] 早起

好鳥啼何早、樓中遠客眠。
津湖無限景、最是曉山天。
- 津湖指 Geneva Lake

48) 이승만 영문일기에 적혀 있는 시이다. 류석춘·오영섭·데이빗 필즈·한지은 공편, *The Diary of Syngman Rhee: 1904~34 & 1944*, (서울: 대한민국역사박물관, 2015), 203쪽.

49) 원문에는 "Believue Hotel"로 적혀 있는데, 1933년 5월 18일 일기를 참조하여 고쳤다.

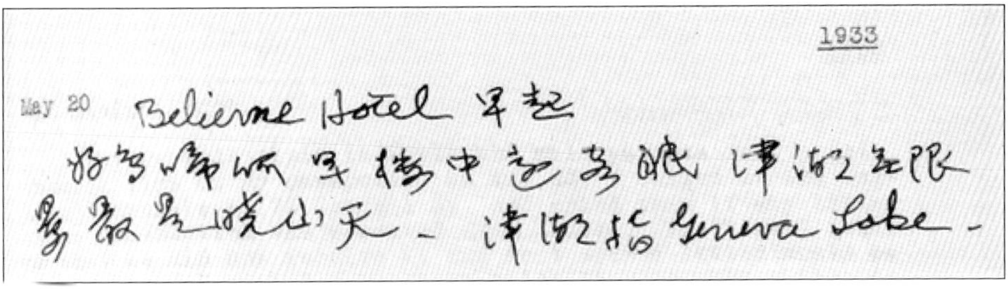

출처: *The Diary of Syngman Rhee*

도산 천고[50)]

처자는 하늘가에서 통곡하고
벗들은 해외에서 깜짝 놀라네.
나라 망하고 사람도 떠나니
대동강[51)] 물도 목 메어 우는구나.
- 우남 이승만이 만시를 짓다.[52)]

島山千古

妻子天涯哭、親朋海外驚。
國亡人又去、嗚咽浿江鳴。
- 雩南 李承晩 挽

---

50) 천고는 죽음을 완곡하게 표현하는 말로, 영원한 이별을 뜻한다. 당나라 때 설수(薛收)가 죽자, 진왕(秦王) 이세민(李世民)이 설수의 조카 설원경(薛元敬)에게 편지를 보내어 "어찌 하루아침이 천고를 이룰 줄을 기약이나 했겠는가.[豈期一朝成千古也?]"라고 하였는데, 이는 하루아침에 영원한 이별을 하게 되었다는 말이다. 『신당서(新唐書)』 권98 「설수열전(薛收列傳)」. 송나라 소식(蘇軾)의 시 「고이성지대제륙장만사(故李誠之待制六丈挽詞)」에 "구원의 사람을 일으킬 수 없으니, 천고에 남을 슬픔이 있구나.[九原不可作, 千古有餘悲.]"라고 하였다.

51) 도산(島山)의 선대는 대대로 평양 동촌(東村)에서 살았으나 아버지 때에 대동강 하류의 강서군 도롱섬으로 옮겨왔으므로, 고향 산천도 슬퍼한다는 뜻으로 대동강을 말하였다.

52) 도산(島山) 안창호(安昌鎬)가 1937년 6월 수양동우회사건(修養同友會事件)으로 흥사단(興士團) 동지들과 함께 다시 일본경찰에 붙잡혀 수감 중, 같은 해 12월에 병으로 보석되었다. 이듬해 3월 경성대학부속병원에서 간경화증으로 세상을 떠났으니, 1938년에 별세 소식을 듣고 이승만이 지은 시이다.

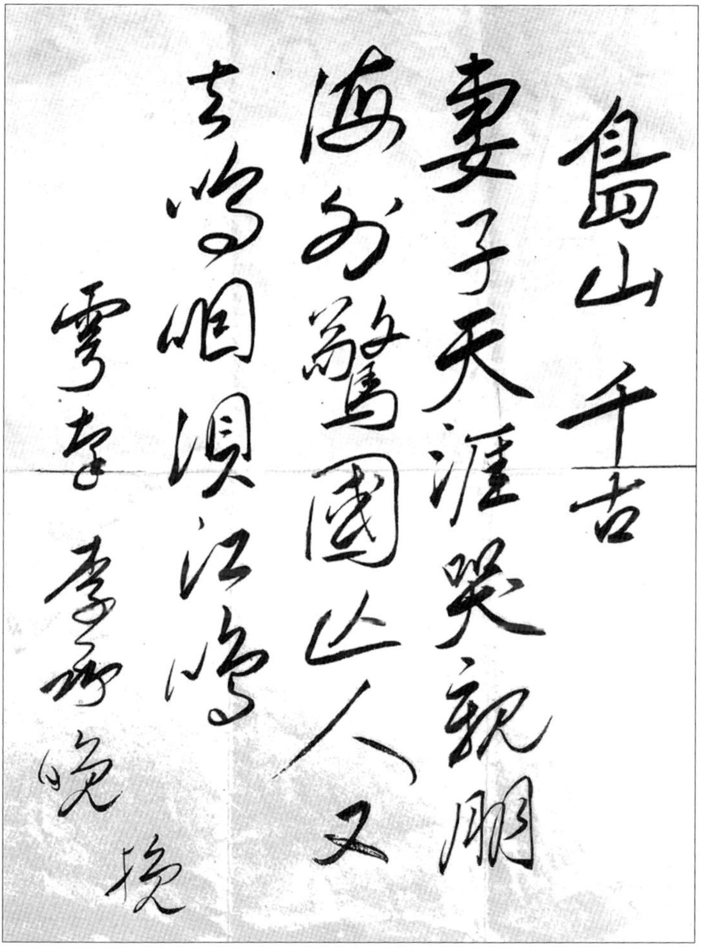

출처:『雩南李承晩博士書集』

제5부

『우남시선(雩南詩選)』

이승만이 지은 한시는 생전에 두 차례 번역하여 출판되었는데, 1959년에 노산(鷺山) 이은상(李殷相)이 『우남시선(雩南詩選)』을 번역하여 공보실에서 출판하였고, 1961년에 우전(雨田) 신호열(辛鎬烈)이 『체역집』을 번역하여 동서출판사에서 번역하였다. 『체역집』은 허경진이 다시 번역하여 2021년에 《우남 이승만 전집》 제5권으로 연세대학교 대학출판문화원에서 출판하였다. 허경진 번역본은 『이화장 소장 우남이승만문서 동문편 제2권』에 실려 있는 『체역집』 영인본만 번역하였고, 신호열 번역본에는 『체역집』에 없는 다른 시도 실려 있다.

먼저 나온 『우남시선』에는 『체역집』에 실리지 않은 시 31수를 번역했는데, 1935년에 지었다는 「太平洋 배 위에서[太平洋舟中作]」 외에는 모두 1945년 광복 이후에 지은 시들이다. 이 가운데 일부는 이승만의 친필 시가 남아 있어서 이 책에 함께 편집하였다.

태평양 배 안에서 짓다[53)]

하늘과 물 사이에 이 한 몸 떠돌며[54)]
만릿길 태평양을 몇 번이나 오갔던가.
아무리 아름다운 곳 가도 평범했으니[55)]
꿈은 언제나 한강과 남산일세.
- 1935년 늦가을.

太平洋舟中作

一身泛泛水天間。萬里太洋幾往還。
到處尋常形勝地、夢魂長在漢南山。
- 乙亥暮秋[56)]

---

53) 『우남시선』에 실린 시들이 1945년 귀국 이후에 지어진 것과는 달리, 이 시는 "1935년 늦가을[乙亥暮秋]"에 지었다는 소주가 붙어 있다. 그러나 임병직의 회고록에 의하면 1920년 임시정부 대통령으로 취임하러 가는 태평양 뱃길에서 지었다고 한다. 그는 이승만이 이 시를 지은 배경을 이렇게 기록하였다. "나중에 병실에 돌아가서 이박사에게 이런 사연을 말하였더니, 그는 有口無言인 채 천장을 멍하니 보고 있다가 다음과 같은 시를 씀으로써 그 감회를 표현하였다." 서정주는 이승만의 구술을 정리하여 출판하면서 "이 한 토막의 절구(絶句)는 1924년 갓 쉰 살이 된 이승만(李承晩) 박사가 그 무렵 미국에서 발행되던 어떤 중국 사람의 신문에 발표한 것"임을 밝혔다. 徐廷柱, 『雩南 李承晩傳』, (서울: 華山문화기획, 1995), 27쪽.

54) "떠돌며"의 원문은 "泛泛"인데, 당시에 옆에 있었던 임병직의 회고록에는 "漂漂"로 되어 있다. 글자는 다르지만 같은 뜻이다.

55) "심(尋)"은 8척(尺), "상(常)"은 16척이니, 길거나 크지 않고 평범하다는 뜻으로 썼다. 세계 곳곳의 명승지를 둘러보아도 내 고향 남산만 한 곳이 없다는 뜻이다.

56) 『우남시선』에는 "1935년 늦가을[乙亥暮秋]"이라고만 적혀 있는데, 『雩南李承晩博

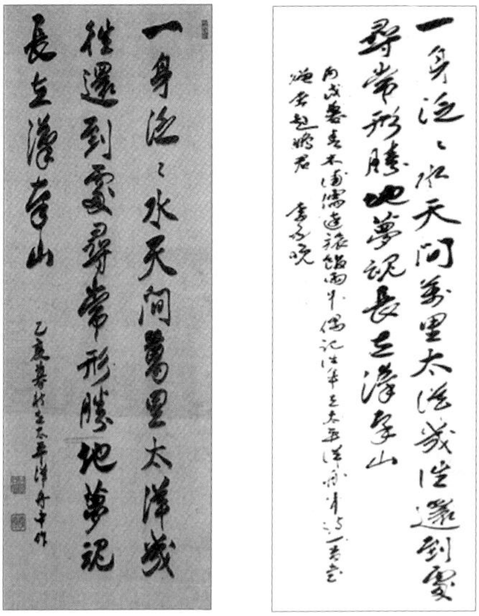

출처: 『雩南李承晩博士書集』

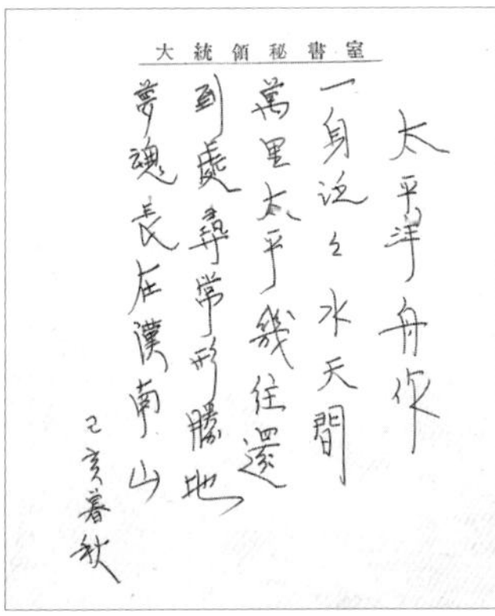

연세대학교 이승만연구원 소장

士書集』 79쪽에 실린 친필 시에는 자세한 사연이 실려 있다. "병술년(1946) 늦봄 목포 유달여관에서 비오는 중에 우연히 왕년에 태평양을 건너던 배 안에서 지었던 시가 생각나기에, 이기붕(李起鵬) 군에게 써 주다." 예전 1935년에 지었던 시를 1946년 이기붕에게 다시 써 주면서 『우남시선』에 편집된 시이다.

을유년 귀국한 뒤에

서른에 고향 떠나 일흔에 돌아오니
유럽과 미국 떠돌던 일이 꿈 속에 서렸구나.
오늘 제 집에 돌아왔건만 도리어 손님 같으니
가는 곳마다 만나는 이들 옛 얼굴은 드물구나.
- 1945년.

乙酉歸國後

三十離鄕七十歸。歐西美北夢依依。
在家今日還如客、到處逢迎舊面稀。

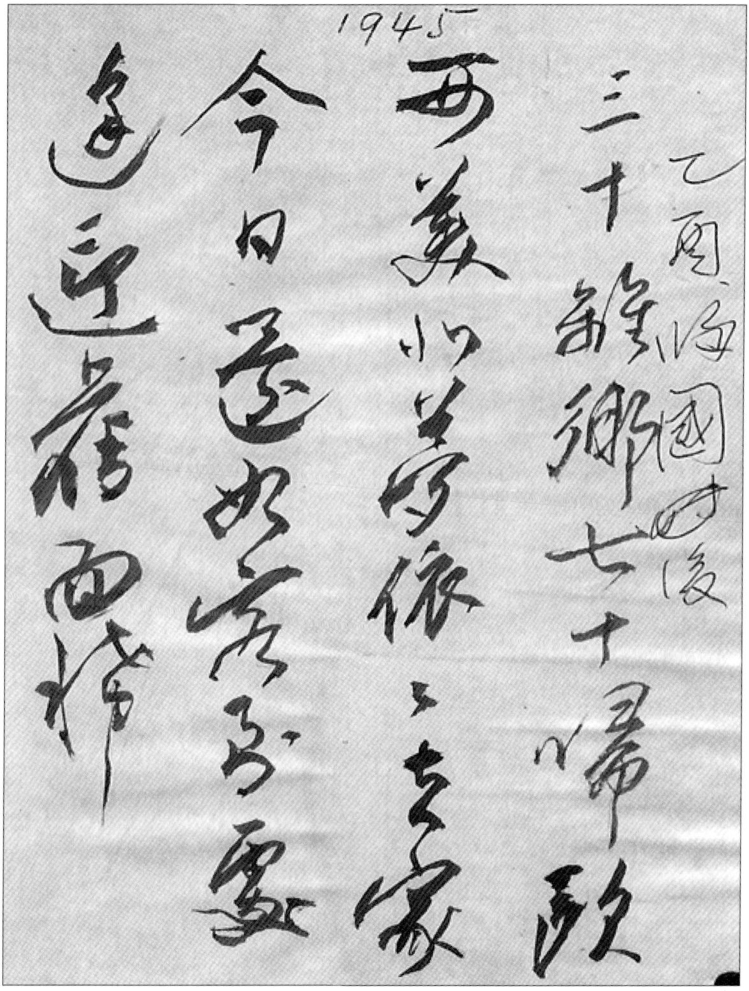

연세대학교 이승만연구원 소장

옛 집을 찾아[57)]

도원(桃園)[58)] 옛 친구들이 연기처럼 흩어져
풍진 세상 오십년을 바삐 달리다가,
흰 머리로 돌아오니 뽕나무밭이 바다로 변해[59)]
옛 사당[60)] 앞에서 봄 바람에 눈물 흘리네.
- 병술년(1946) 봄에 도저동(桃渚洞) 옛집을 찾아오다[61)]

---

57) 이승만의 친필 시가 많이 남아 있는데, 『우남이승만박사서집(雩南李承晩博士書集)』 218쪽에 실린 유성우(柳性祐) 소장본에는 "1946년 3월 10일에 도저동(桃渚洞)을 방문하여 옛날의 감회를 술회하다[一九四六年三月十日往訪桃渚洞 感舊述懷]"라고 시를 지은 시간과 장소를 밝혔다.

58) 이승만이 어릴 적 살았던 남산 기슭에 복숭아밭이 있었으므로 복사골, 즉 도동(桃洞)이라 불렸다. 원문에는 "源"으로 되어 있지만, 『우남시선』을 참조하여 "園"으로 고쳤다.

59) 마고(麻姑)가 말했다. "모신 이래로 동해가 뽕나무밭으로 바뀌는 것을 세 번이나 보았다." 갈홍, 『신선전』 「마고」.

60) 양녕대군의 지덕사(至德祠)를 가리킨다. 양녕대군의 외손인 우의정 허목(許穆)이 1675년에 건의하여 남산 도저동 남묘(南廟) 건너편에 세웠는데. 지금의 서울지방병무청 자리이다. 1912년에 관악산 줄기 국사봉 밑에 있는 양녕대군의 묘소 앞으로 옮겼는데, 주소는 서울특별시 동작구 상도동 산65-42이며, 서울특별시 유형문화재 제11호다.

61) 『우남시선』에는 "四二七九년 귀국한 뒤에[丙戌秋歸國後]"라고 적혀 있는데, 『우남이승만박사서집』 96쪽 별면 친필 시에는 "병술년(1946) 봄에 도저동(桃渚洞) 옛집을 찾아오다[丙戌春訪桃渚洞舊居]"라고 썼다. 남산 기슭 도저동에 제사하는 공간이 세 군데 있었는데, 양녕대군을 제사하는 지덕사(至德祠), 관운장을 제사하는 남관왕묘(南關王廟), 기우제를 지내는 우사단(雩祀壇)이다. 우사단은 사방이 40척이고, 구망(句芒), 축융(祝融), 후토(后土), 욕수(蓐收), 현명(玄冥), 후직(后稷)을 모셨으며, 6월 상순에 제사를 드렸다. 이승만의 집이 우사단 남쪽에 있었으므로 호를 우남(雩南)이라 하였다.

訪舊居

桃園故舊散如烟。奔走風塵五十年。

白首歸來桑海變、春風揮淚古祠前。

- 丙戌春訪桃渚洞舊居

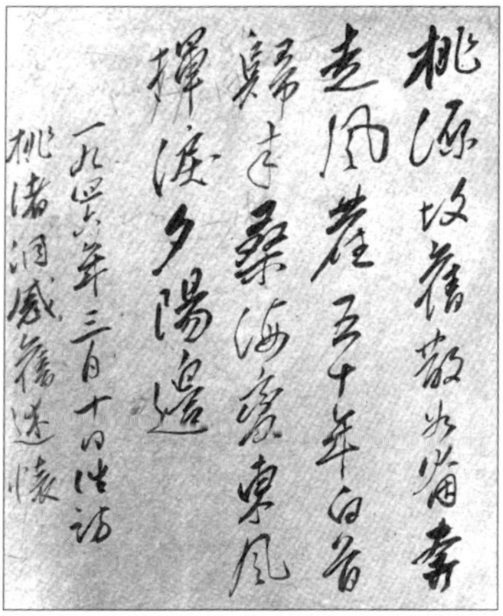

출처: 『雩南李承晩博士書集』

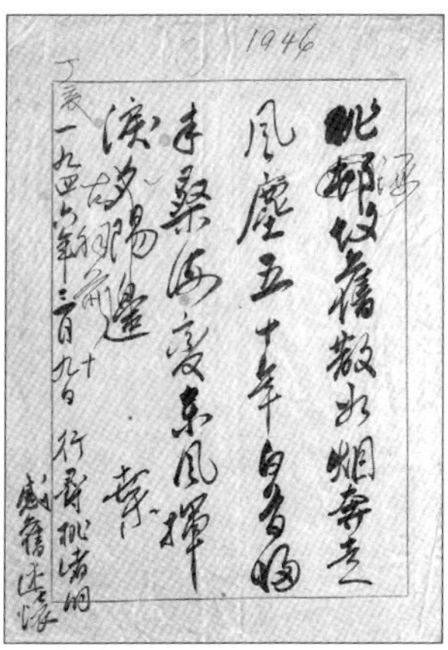

연세대학교 이승만연구원 소장

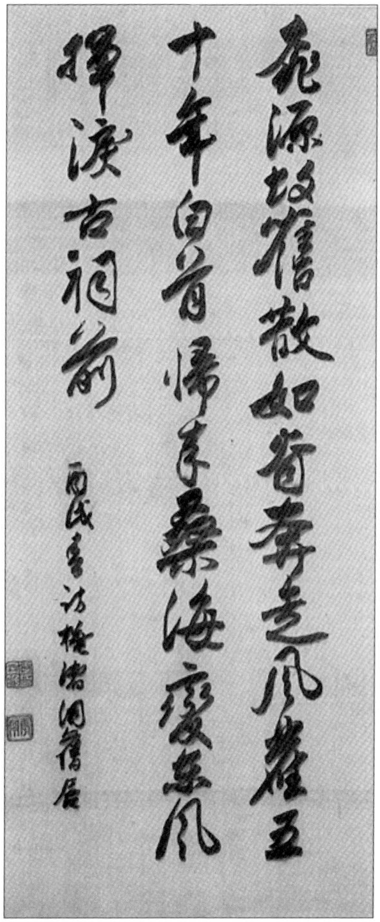

출처: 『雩南李承晩博士書集』

촉석루에[62] 올라

창렬사[63] 앞에 강물 푸르고
의암대[64] 아래 지는 꽃 향기롭구나.
이끼 낀 비석에 글자 아직 남았으니
그 옛날의 장사와[65] 미인은[66] 누가 짧고 길던가.
- 1946년 늦봄 진주에서

---

62) 진주 남강(南江)을 내려다보는 벼랑 위에 세워진 누각인데, 정면 5칸, 측면 4칸의 웅장한 규모로 우리나라 3대 누각 가운데 하나로 손꼽힌다. 강가의 뾰족한 바위 위에 지어 "촉석루(矗石樓)"라 이름 지었는데, 한국전쟁 중에 시가지와 함께 불타버려 1960년에 복원하였다.

63) 임진왜란 때 진주성에서 순절한 의병장 김천일(金千鎰) 등을 제향하기 위하여 건립한 사당으로, 진주시 남성동 진주공원 안에 있다. 왜란이 끝난 뒤 관민이 협력하여 그들의 충절을 기리기 위하여 사우를 세웠으며, 1607년에 창열사로 사액 되었고, 1871년 대원군의 서원철폐 때에도 대상에서 제외되어 존속되었다. 창열사의 정사(正祠)에는 충무공(忠武公) 진주목사(晉州牧使) 김시민(金時敏)을 필두로 하여, 문열공(文烈公) 창의사(倡義使) 김천일(金千鎰), 무민공(武愍公) 충청도병마절도사(忠淸道兵馬節度使) 황진(黃進), 충의공(忠毅公) 경상우병사(慶尙右兵使) 최경회(崔慶會), 충의공(忠毅公) 장윤(張潤), 효열공(孝烈公) 고종후(高從厚), 증이조판서(贈吏曹判書) 유복립(柳復立) 등 모두 7분을 열향(列享)하고 있다.

64) 촉석루 아래 남강 가에 있는 가파른 바위인데, 1593년 6월 29일에 진주성이 함락되고 왜군들이 촉석루에서 승전 잔치를 벌일 때에 기생 논개(論介)가 왜장을 이 바위로 유인한 다음 껴안고 남강에 몸을 던진 곳이라고 한다. 그때까지 위암(危巖)이라 불리던 바위에 진주 사람들이 "의암(義巖)"이라 새겨 넣었다.

65) 진주목사 김시민(金時敏)이 3,700명 군사를 이끌고 왜장 하세가와(長谷川)의 2만 군사를 물리친 1차 진주성 싸움은 임진왜란의 삼 대첩 가운데 하나이다. 이듬해 명나라가 일본과 화의를 진행하는 동안 왜군은 진주성을 다시 공격했는데, 6월 29일에 왜군이 무너진 성벽으로 난입해 백병전이 벌어졌다. 창의사(倡義使) 김천일(金千鎰)을 비롯해 경상우병사 최경회(崔慶會), 의병장 고종후(高從厚) 등이 촉석루에서 임금이 있는 북쪽을 바라보며 두 번 절한 뒤에 남강에 몸을 던져 자결하였는데, 이 세 장수를 삼장사(三壯士)라 한다.

66) 의기(義妓) 논개(論介)다.

登矗石樓

彰烈祠前江水綠、義巖臺下落花香。
苔碑留得龜頭字、壯士佳人孰短長。
- 丙戌暮春於晉州.

불국사

젊어서부터 불국사 이름을 익히 들었기에
오늘 올라와 보니 감회를 이길 수 없네.
산들은 옛 왕조 이야기를 하지 않건만
흐르는 물은 아직도 옛 나라 소리를 전해 주네.
반월성 가에 봄풀이 우거지고
첨성대 아래에 들풀이 환해,
지금은 사해 풍진이 진정되었으니
옛 성채 솔바람에 수자리 병사가 쉬는구나.[67]

佛國寺

少小飽聞佛國名。登臨此日不勝情。
群山不語前朝事、流水猶傳故國聲。
半月城邊春草含、瞻城臺下野花明。
至今四海風塵定、古壘松風臥戍兵。

---

67) 이 시를 지은 배경이 『한중시사(韓中詩史)』에 실려 있다. “民國 三十八年 八月에 張部長 曉峯(其昀)先生이 蔣總統을 모시고 韓國을 訪問하였을 때, 李大統領께서는 그의 「慶州佛國寺 懷古詩」를 記錄해서 보여 주었는데 적어 보면 다음과 같다.” 彭國棟 著, 辛鎬烈 譯, 『韓中詩史』, (서울: 公報室, 1960), 402~403쪽. 민국 38년은 1949년이며, 이 시는 1952년 9월에 간행된 『지방행정(地方行政)』 제9권 제1호에 처음 실렸다.

漢詩

忙中閑雅吟集 舊作拔萃

佛國寺

雩南 李承晩

小少飽聞佛國名 登臨此日不勝情
群山不語前朝事 流水猶傳故國聲
半月城中春草合 瞻星臺下野花明
只今四海風塵定 古壘松陰臥戍兵

『地方行政』 제9권 제1호

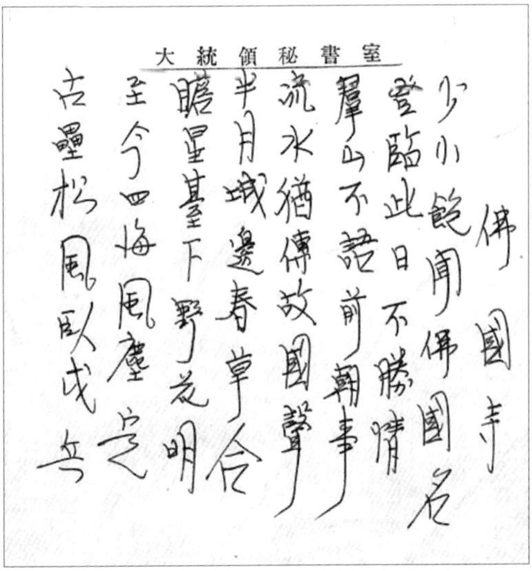

大統領秘書室

佛國寺

少小飽聞佛國名
登臨此日不勝情
群山不語前朝事
流水猶傳故國聲
半月城邊春草合
瞻星臺下野花明
至今四海風塵定
古壘松風臥戍兵

연세대학교 이승만연구원 소장

미국 여행길에 짓다

육만릿 길을 앉아 오가는데
다만 마흔네 시간만 걸렸구나.
일만 육천 척 하늘에 떠 보니
위에는 구름도 없고 아래에 산도 없네.
- 1947년.

在美旅行時卽事

六萬里行坐往還。只要四十四時間。
浮空一萬六千尺、上無雲霧下無山。
- 丁亥

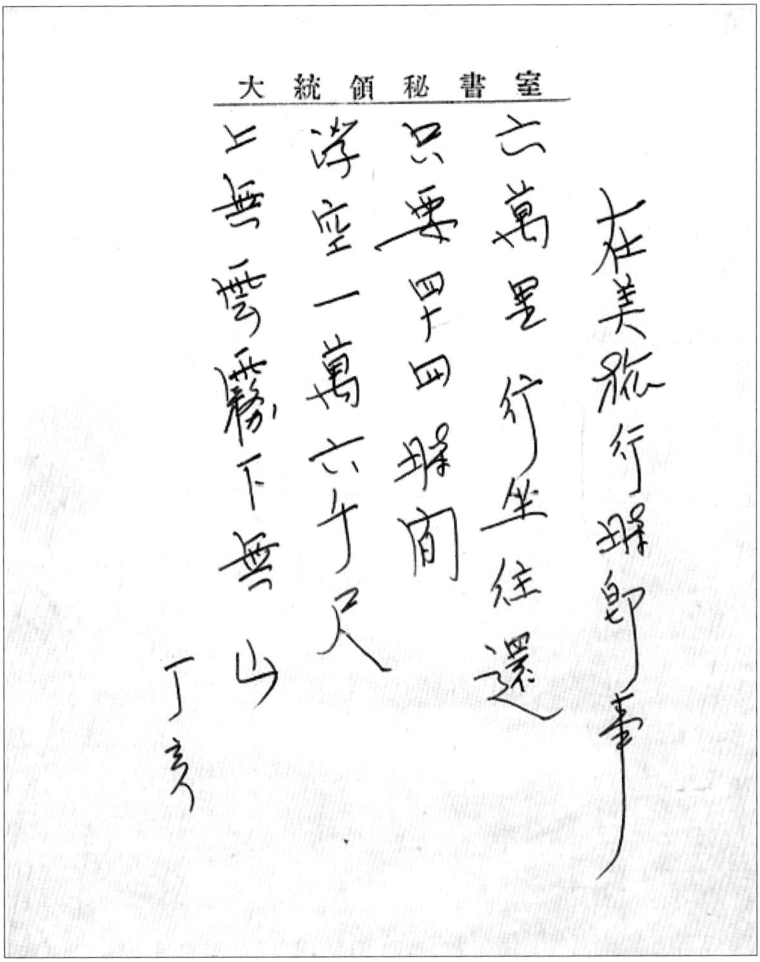

大統領秘書室

在美旅行那卽事
六萬里行坐往還
只要四日四那間
浮空一萬六千尺
上無雲霧下無山
丁亥

연세대학교 이승만연구원 소장

전당을 지나며

전당의[68] 경치를 많이 듣다가
오늘 와서 보니 나그네 마음 활짝 펴지네.
옛 탑[69] 서남쪽에 들판 펼쳐지고
높은 다락에 밤낮 강물 소리 들리네.
산은 남쪽 월나라 천년 땅을 감싸고
다리 나서면 동쪽으로 한국 만리 길일세.
석양에 홀로 서서 멀리 바라보니
저녁 연기 어린 속에 배가 떠 가네.
- 정해년(1947) 4월 미국에서 두 번째 돌아오는 길에

過錢塘

錢塘形勝飽聞名。此日登臨暢客情。
古塔西南平野色、高樓日夜大江聲。
山圍南越千年地、橋出東韓萬里程。
獨立斜陽聊極目、往帆落處暮烟生。
- 丁亥四月, 自美第二次歸路.

---

68) "전당"은 지금의 절강(浙江)이다. 이곳에 조수가 밤낮으로 두 차례씩 밀려들어 주민들이 막심한 피해를 입었다. 삼국시대에 화신(華信)이 흙이나 돌 한 섬씩 날라오는 자에게 1천 전씩 주겠다고 상금을 내걸고 열 달 사이에 둑을 다 쌓았다. 돈을 들여 쌓은 둑이라고 해서 "전당(錢塘)"이라 부른다.

69) 저장성 항저우시(浙江省 杭州市) 갑구(閘口) 남쪽 높은 봉우리 아래 전당(錢塘) 강가에 육화탑(六和塔)이 있는데, 송나라 개보(開寶) 연간에 강물이 넘치는 것을 막기 위해서 세웠다. 7층 규모인데, 올라가면 전망이 좋다.

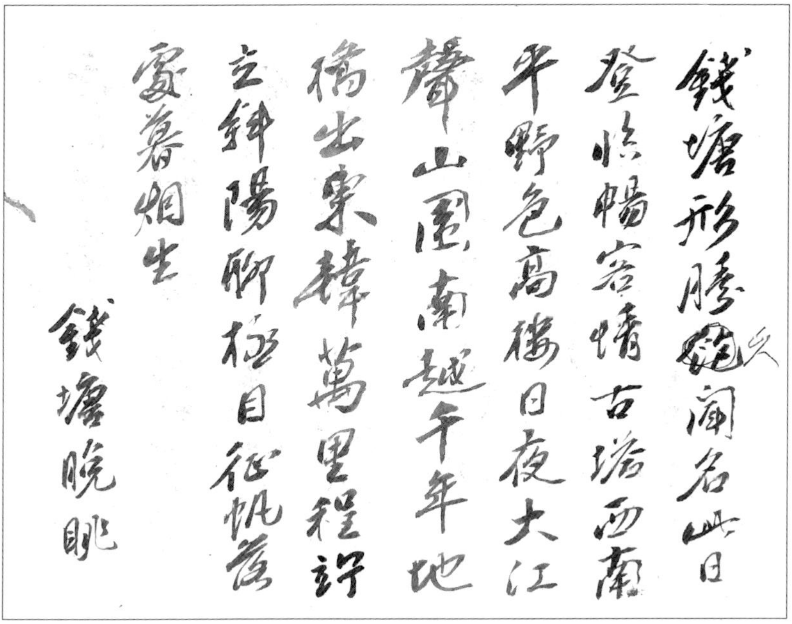

연세대학교 이승만연구원 소장

서호에서 놀며

- 미국에서 돌아오는 길에 장총통(蔣總統)을 만나고, 항주 서호(西湖)에서 뱃놀이를 하였다.

서호에 봄날 배를 띄우고
주인과 즐겁게 놀이를 하네.
아홉 구비 붉은 난간에 세 달이 비치니
내 몸이 신선세계에 있는 듯하구나.
- 정해년(1947) 봄

西湖遊
- 自美歸國時, 過訪蔣總統, 因作杭州西湖之遊.

西湖春日泛蘭舟。幸賴主公作此遊。
九曲紅欄三印月、居然身在小瀛洲。[70)]
- 丁亥春

---

70) 앞쪽의 시와 이 시가 1947년 5월 14일자 『현대일보(現代日報)』 1면 「한시」 난에 「방수정에서[於傍水亭]」라는 제목의 칠언율시로 실려 있는데, 수련(首聯)과 함련(頷聯)은 칠언절구 「서호에서 놀며(西湖遊)」의 네 구절이고, 경련(頸聯)과 미련(尾聯)은 「전당을 지나며(過錢塘)」의 수련과 함련이 합해져 있는 형태이다. 『우남시선』보다 먼저 지면에 공개된 시이지만, 수련과 함련은 평성(平聲) 우운(尤韻)에 속하는 주(舟)·유(遊)·주(州)를, 경련과 미련은 평성 경운(庚韻)에 속하는 명(名)·정(情)·성(聲)을 압운한 것만 보아도 서로 다른 두 편의 시가 잘못 합성된 것임을 알 수 있다.

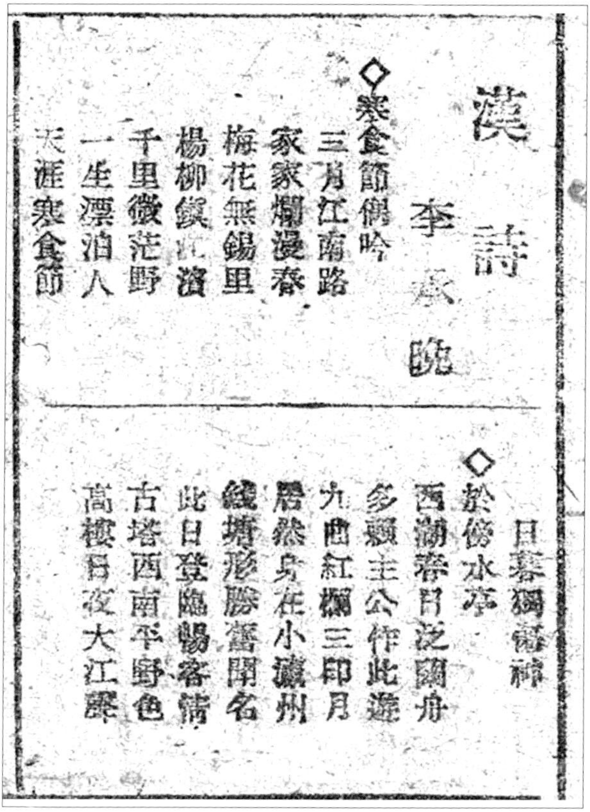

漢詩 李承晩

◇寒食節偶吟
三月江南路
家家爛漫春
梅花無錫里
楊柳鎭江濱
千里微茫野
一生漂泊人
天涯寒食節
日暮獨霑襟

◇於傍水亭
西湖春日泛蘭舟
多謝主公作此遊
九曲紅欄三印月
居然身在小瀛州
錢塘形勝舊聞名
此日登臨暢客情
古塔西南平野色
高樓日夜大江聲

출처: 『現代日報』 1947년 5월 14일

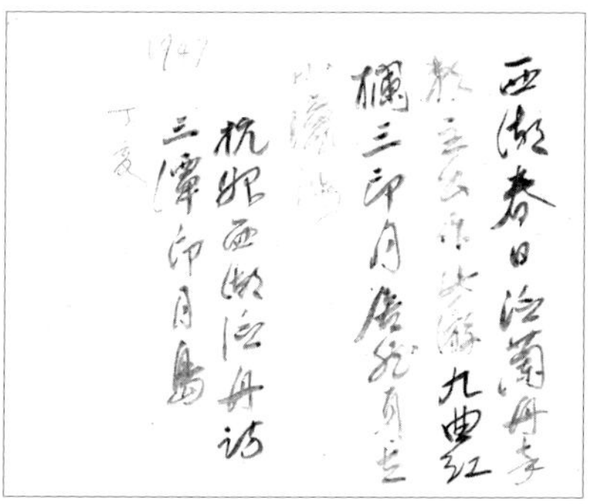

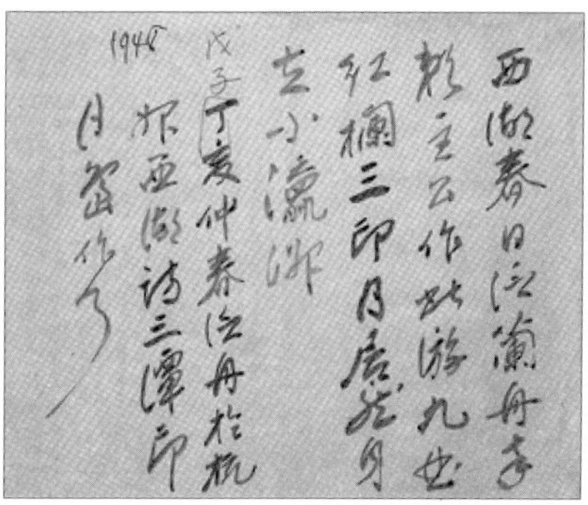

연세대학교 이승만연구원 소장

상하이에서 난징으로 가는 기차 안에서 짓다

삼월이라 강남 길이
집마다 한창 봄일세.
무석리(無錫里)엔[71] 매화 피고
진강(鎭江) 가엔 버들개지.
천리 아득한 들판에
일생을 떠도는 사람,
한식날 하늘 끝에서
날 저무니 홀로 가슴 아프네.
- 정해년(1947) 2월

上海南京汽車中作[72]

三月江南路、家家爛漫春。
梅花無錫里、楊柳鎭江濱。
千里微茫野、一生漂泊人。
天涯寒食節、日暮獨傷神。
- 丁亥仲春

---

71) 무석리는 중국 장쑤성(江蘇省) 소당도(蘇當道)에 있는 마을이다.

72) 이 시가 1947년 5월 14일자『현대일보』1면「한시」난에「한식절에 우연히 읊다[寒食節偶吟]」라는 제목으로 실려 있다.

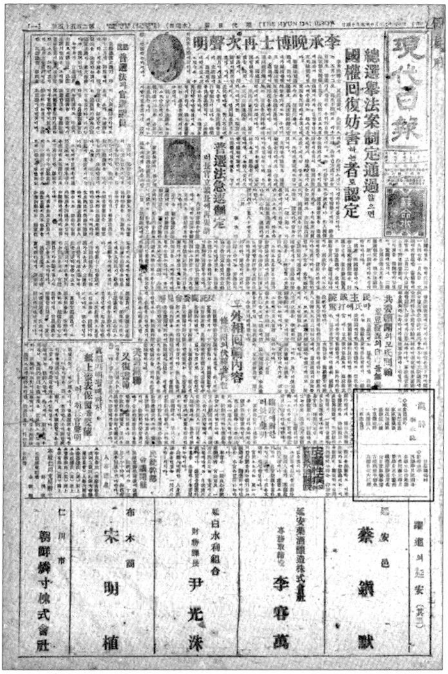

現代日報

李承晩博士再次聲明

總選擧法案制定通過

國權回復妨害者로 認定

출처:『現代日報』 1947년 5월 14일

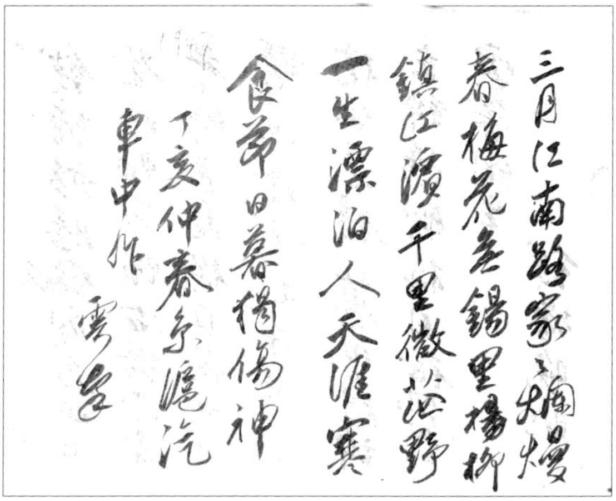

연세대학교 이승만연구원 소장

상하이시 정의원 원장[73] 판공잔[74] 선생이 반월선(半月扇)을 기증하였는데, 한 면에는 그의 부인이 그린 산수도(山水圖)가 있고, 또 한 면에는 송별의 뜻을 적은 시 한 수가 있었다. 길 떠나기에 바빠서 회답할 수 없었기에, 그가 지은 원운(原韻)에 따라 시 한 수를 읊어 화답하였다.

부채 안의 한 구역 그림은
아마도 무이산의 봄날이리라.
문 닫고 푸른 산 속에 들어앉으니
푸른 물가에 배가 가로지르네.
맑은 바람에 고향의 벗을 그리워하고
반달 아래 돌아가는[75] 사람을 보내네.
마음 내키는 대로 열고 닫으니[76]
내 정신을 두드려 시원케 하네.
- 정해년(1947) 늦봄에 상하이에서 한국으로 가는 비행기 안에서

---

73) 정식 명칭은 상하이시 참의회(上海市參議會) 의장이다.

74) 판공잔(潘公展, 1894~1975)의 첫 이름은 유유(有猷), 호(號)는 감청(淦清), 간경(幹卿)으로, 오흥(吳興, 지금의 호주湖州) 사람이다. 중국공학교(中國公學校) 교장, 『신보(晨報)』 사장, 『신보(申報)』 동사장(董事長) 등을 역임하였으며, 저서로는 『러셀의 철학 문제(罗素的哲学问题)』 등이 있다.

75) 처음에 "寄行"이라 썼다가 "送歸"로 고쳤다. 처음에 쓴 대로 번역하면 "반달을 가는 사람에게 부치네."라는 뜻이다.

76) 주돈이(周敦頤)의 『통서(通書)』 16장 「동정(動靜)」에 "혼(混)과 벽(闢)의 관계 속에서 무궁하게 변화가 이어진다.[混兮闢兮, 其無窮兮.]"라고 하였는데, 혼(混)이 합(合)이고, 벽(闢)이 개(開)이다. 『주자어류』 권94에서 주희(朱熹)는 "혼은 태극을 말하고, 벽은 음양오행으로 나뉜 이후를 말한다.[混言太極, 闢言陰陽五行以後.]"라고 설명하였다.

扇中一區畫、應是武夷春。

門掩青山裏、舟橫綠水濱。

清風思故友、半月送歸人。

隨手能開合、搖搖爽我神。

上海市政議院長潘公展先生 寄贈半月扇 其一面有山水圖 卽其夫人所寫 又其一面有詩一首 以誌送別之意 臨行悤悤 無從回謝 卽吟一首 依其原韻和之

- 丁亥暮春 在韓滬飛機

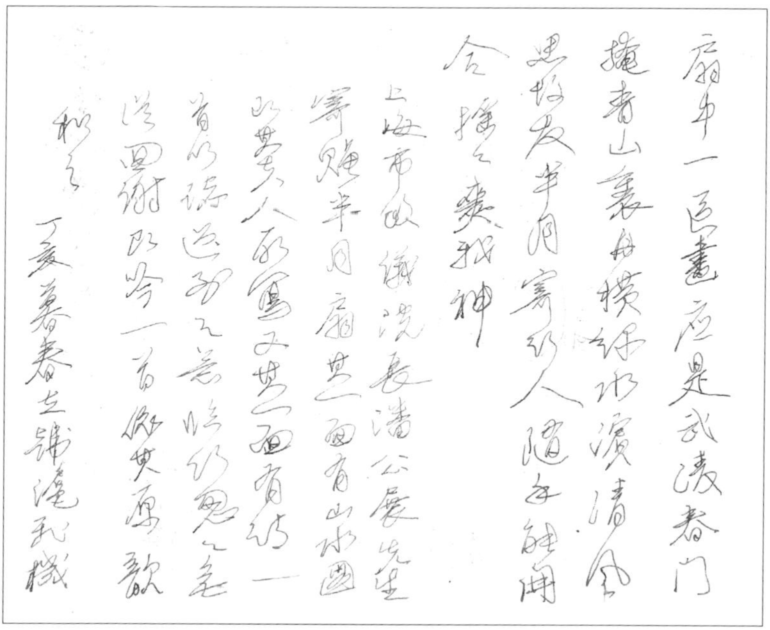

扇中一區畫應是武夷春門掩青山裏舟橫綠水濱清風思故友半月送歸人隨手能開合搖搖爽我神

上海市政議院長潘公展先生寄贈半月扇其一面有山水圖卽其夫人所寫又其一面有詩一首以誌送別之意臨行悤悤無從回謝卽吟一首依其原韻和之

丁亥暮春在韓滬飛機

연세대학교 이승만연구원 소장

가을 달밤

내 소원은 삼천만과 함께
나라 있는 국민이 되는 것일세.
늘그막엔 시골로 돌아가
한낱 한가한 사람으로 지내려네.
- 정해년(1947) 서울에서[77]

秋月夜

願與三千萬、俱爲有國民。
暮年江海上、歸作一閒人。
- 丁亥於漢城

77) 『우남이승만박사서집』 96쪽 별면에 "정해년(1947) 추석 달밤에 돈암장에서[丁亥仲秋月夜敦巖莊]"라고 쓴 친필 시가 실려 있다. 제3구의 "강해(江海)"가 "호해(湖海)"로 되어 있는데, 같은 뜻이다.

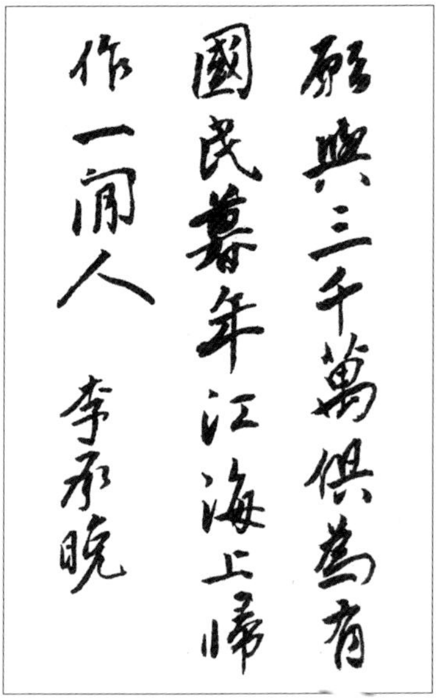

출처: 『雩南李承晩博士書集』

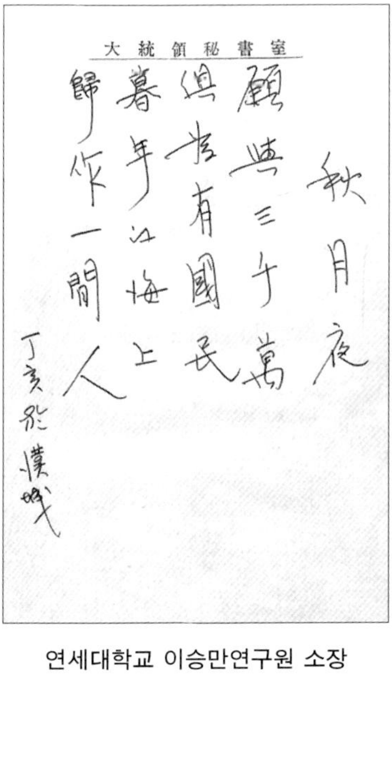

연세대학교 이승만연구원 소장

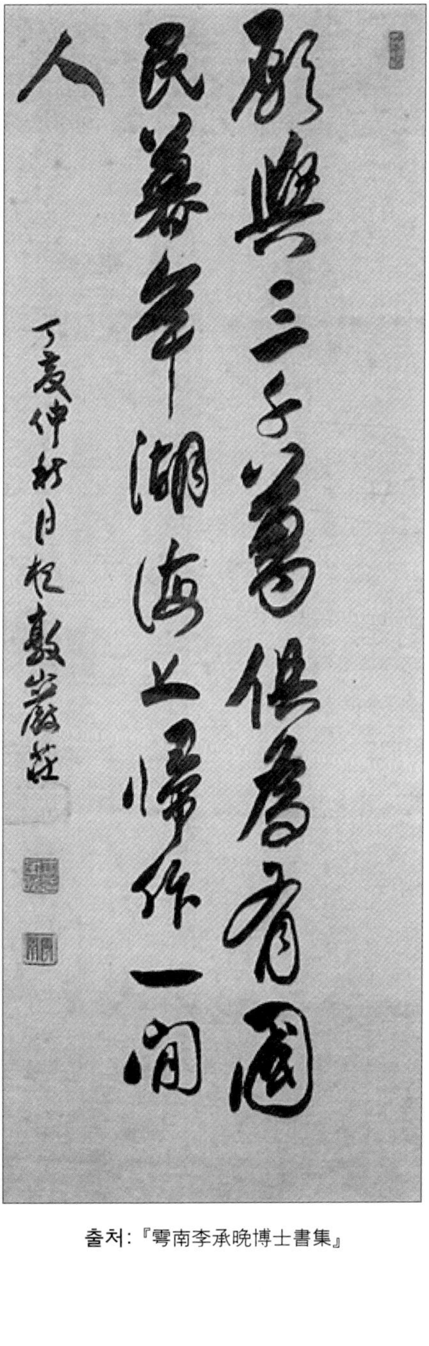

출처: 『雩南李承晩博士書集』

늦은 봄날 우연히 읊다

들보 위의 제비가 늙은이 게으르다고 조롱하네
뜨락의 꽃은 나그네 바쁘다고 웃는구나.
제비 조롱하고 꽃이 웃는 가운데
저마다 봄빛을 즐기는구나.
- 기축년(1949)[78]

晩春偶唫

樑鷰嘲翁懶、庭花笑客忙。
鷰嘲花笑裏、各自弄春光。
- 己丑

---

78) 『우남시선』에 「봄날[春日]」이라는 제목으로 실리고, “己丑(四二八二년)”에 지었다고 밝혔다.

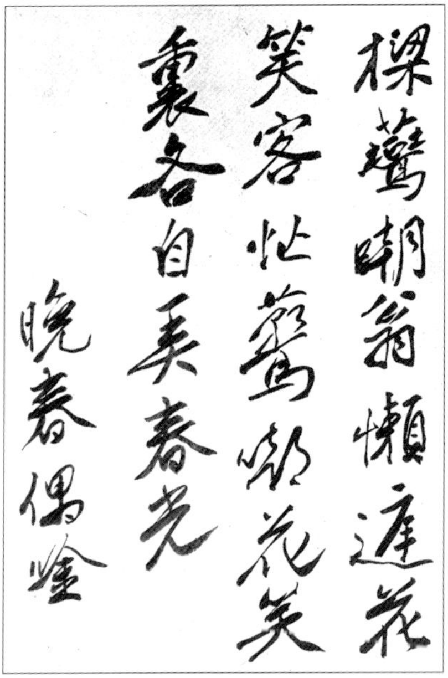

출처: 『雩南李承晩博士書集』

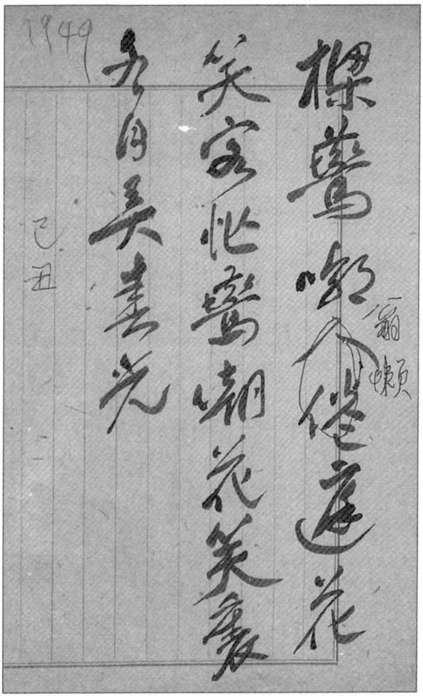

연세대학교 이승만연구원 소장

제비

강남으로 갔다가 돌아온 제비
옛 집이 없어져 재가 되었구나.
이러니 저러니 지저귀지 마라
난리통에 누군들 아니 슬프랴.
- 신묘년(1951) 봄

燕子吟

燕子喃喃去復回。舊巢何去只寒灰。
莫將萬語論非是、戰世如今孰不哀。
- 辛卯春

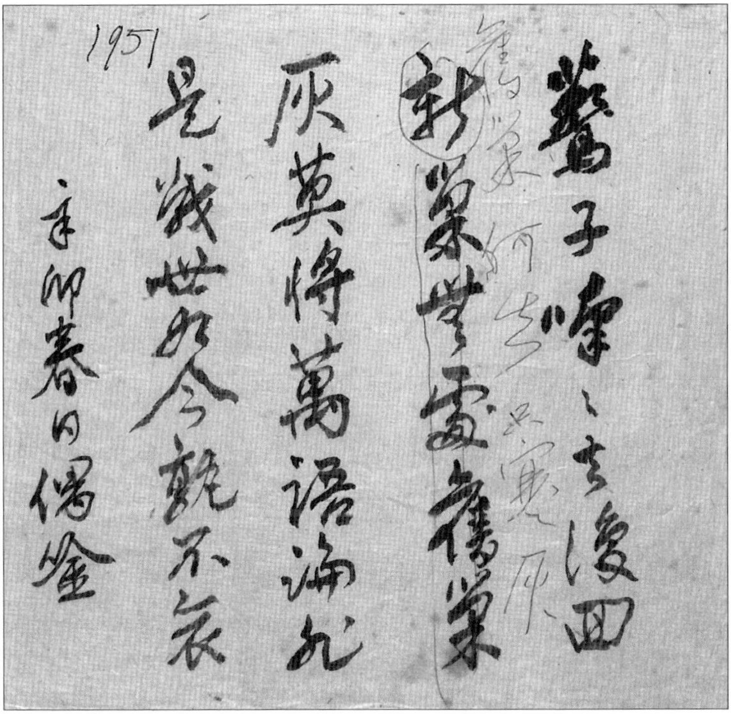

연세대학교 이승만연구원 소장

진해에서 부산으로 가는 길에

- 이날 늙고 젊은 부녀자들이 서로 이어 낙동강 시장을 향해 갔다.

며느린 생선 상자를 이고 시어미는 소를 몰고
낙동강 십릿길에 장 보러 가는구나.
나무꾼 형과 고기잡이 아우가 모두 전쟁에 나갔건만
한강 남쪽과 북쪽에 전쟁은 아니 그쳤네.
- 신묘년(1951)

鎭海釜山途中[79]

- 是日, 老小婦女, 連絡向洛東江市場.

婦戴魚箱嫂策牛。場開十里洛江頭。
樵兄漁弟皆從役、漢南漢北戰未休。
- 辛卯

79) 「진해에서 낙동강을 지나며 읊다[自鎭海過 洛東江吟]」라고 제목을 쓴 사본도 있다.

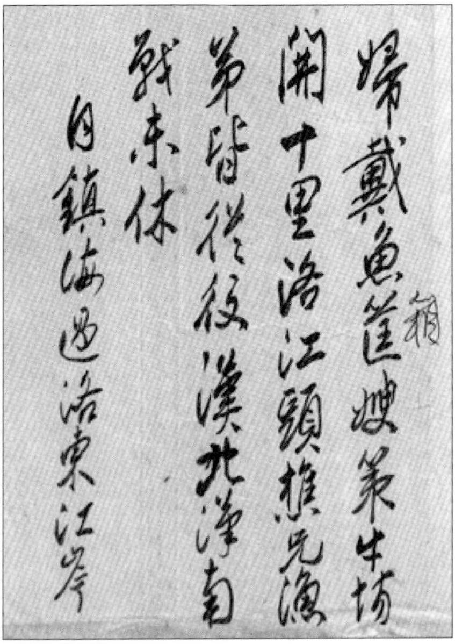

婦戴魚筐嫂策牛坊
閙十里洛江頭樵兒漁
笛皆從役漢北洋南
戰未休
自鎮海過洛東江岸

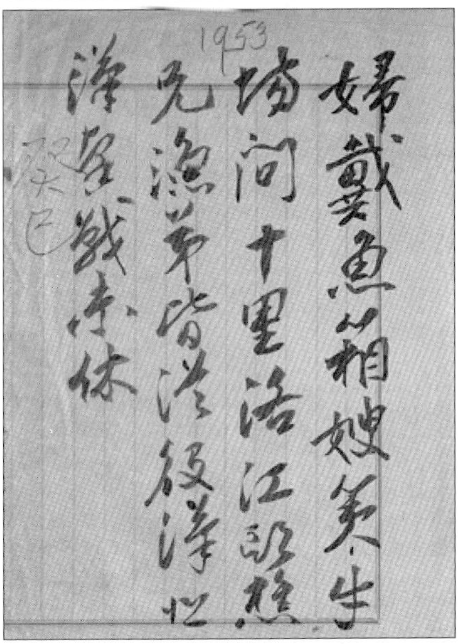

婦戴魚箱嫂策牛
坊間十里洛江頭
樵兒漁笛皆從役漢北
洋南戰未休

연세대학교 이승만연구원 소장

이른 봄

산에는 오를 틈 없어 뜰을 거니니
매화꽃 나날이 봉오리 터지네.
아이놈 달려 와 이르는 말이
난간 동쪽에 한 송이 먼저 피었어요.
- 신묘년(1951) 부산에서

早春

登山無暇步庭中。日見寒梅漸綻紅。
解意家僮來報語、一花先發玉欄東。
- 辛卯, 於釜山.

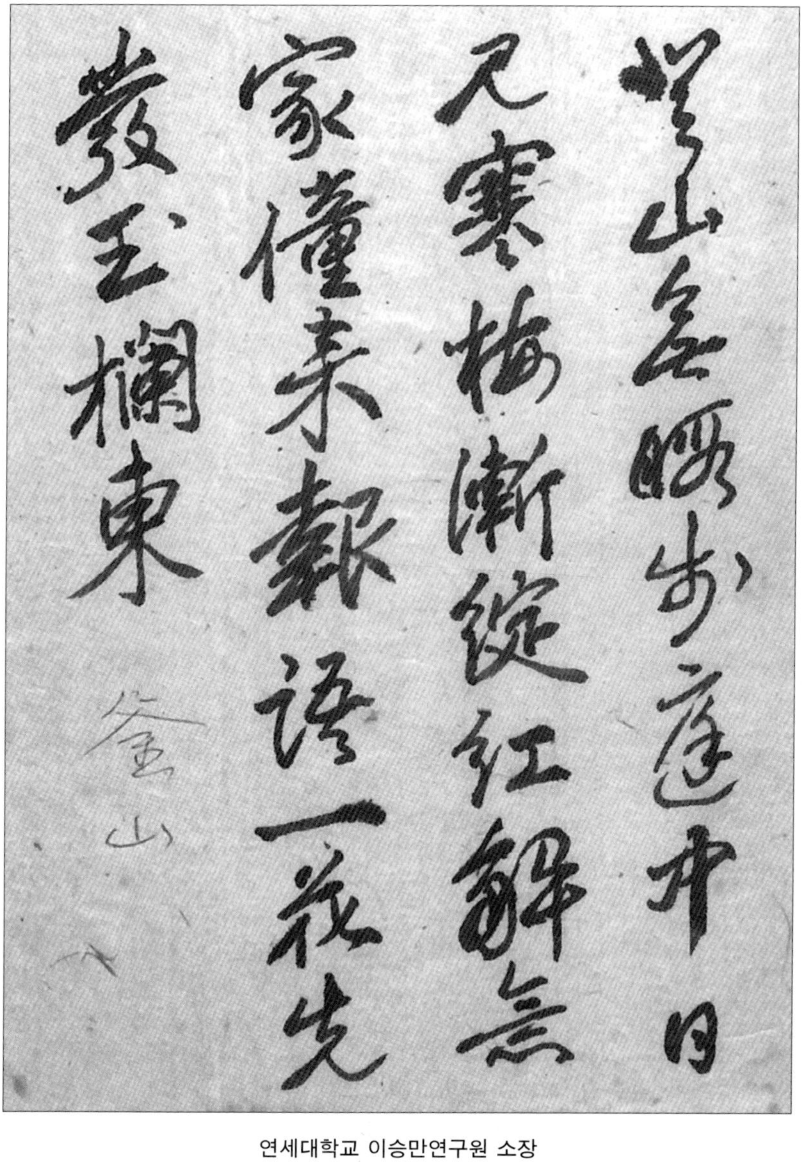

연세대학교 이승만연구원 소장

전쟁 중의 봄

반도 산하에 진 치는 연기 자욱하고
되놈의 깃발 미군 돛대가 봄 하늘을 가리웠는데,
떠도는 이들 모두가 집 없는 나그네이니
표류하며 누군들 벽곡선[80]이 아니랴.
무너진 거리엔 벽만 남아 있고
산 마을도 불에 타 새 밭을 일구네.
전쟁 그치지 않았건만 봄바람이 불어와
무너진 진지 곁에 새 잎 돋아 나오네.
- 신묘년(1951) 봄 부산에서.[81]

戰時春

半島山河漲陣烟。胡旗洋帆翳春天。
彷徨盡是無家客、漂泊誰非辟穀仙。
城市遺墟餘古壁、山村燒地起新田。
東風不待干戈息、細草遍生破壘邊。
- 辛卯春, 於釜山.

---

80) "벽곡선(辟穀仙)"은 선술을 닦기 위해 생식(生食)하는 사람이니, 이 구절을 의역하면 "표류하는 이라면 누군들 신선이 아니랴"라는 뜻이다.

81) 이 시는 1952년 8월에 간행된『지방행정』제1권 제8호에「해방세태음영집解放世態吟詠集」이라는 기획특집에 실렸는데, 국무총리 창랑(滄浪) 장택상(張澤相), 국회의장 해공(海公) 신익희(申翼熙), 대법원장 가인(街人) 김병로(金炳魯)의 시가 함께 실렸다.

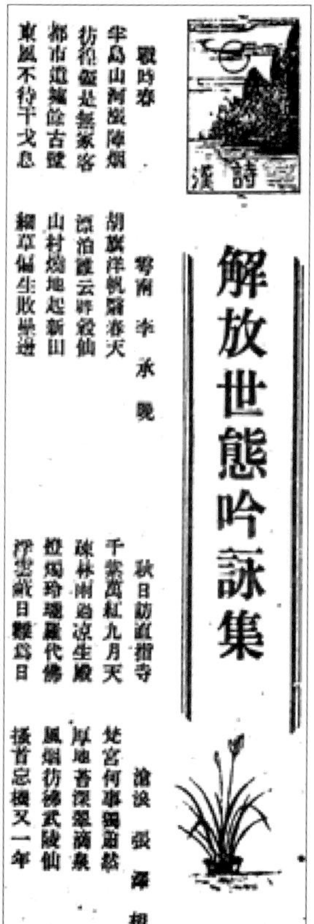

漢詩

解放世態吟詠集

戰時春

雩南 李承晩

半島山河張陣烟 胡旗洋帆翳春天
彷徨盡是無家客 漂泊誰云辟穀仙
都市遺墟餘古壁 山村燒地起新田
東風不待干戈息 細草偏生敗壘邊

秋日訪直指寺

滄浪 張澤相

千紫萬紅九月天 梵宮何事獨超然
疎林雨過涼生殿 厚地春深翠滿泉
燈燭玲瓏羅代佛 風烟彷彿武陵仙
浮雲蔽日難爲日 搔首忘機又一年

출처: 『地方行政』 제1권 제8호

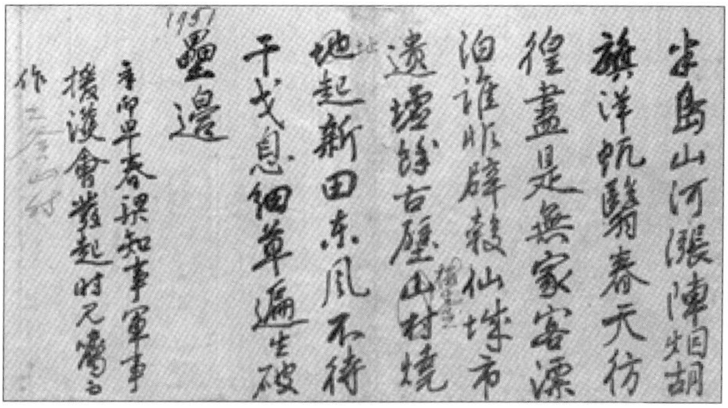

1951

半島山河張陣烟胡
旗洋帆翳春天彷
徨盡是無家客漂
泊誰非辟穀仙城市
遺墟餘古壁山村燒
地起新田東風不待
干戈息細草遍生破
壘邊

辛卯早春梁知事軍事
援護會發起時兄鶴云

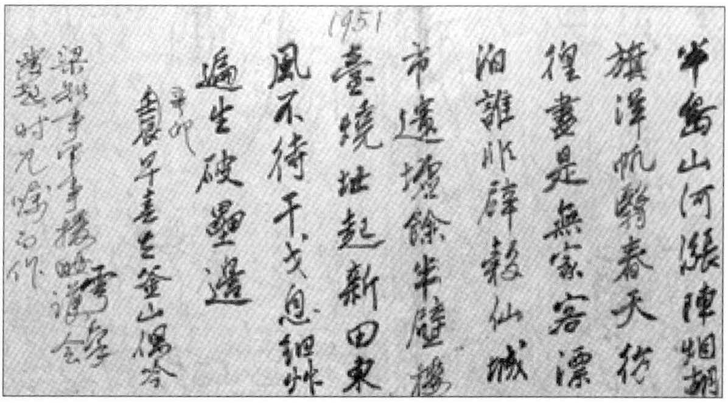

1951

半島山河張陣烟胡
旗洋帆翳春天彷
徨盡是無家客漂
泊誰非辟穀仙城
市遺墟餘半壁樓
臺燒址起新田東
風不待干戈息細艸
遍生破壘邊

辛卯
春早春在釜山偶吟

연세대학교 이승만연구원 소장

벽에 걸린 그림

- 진해(鎭海) 별장 벽 위에 심향거사(深香居士)가 그린「산촌모설도(山村暮雪圖)」가 있다.

벽 위의 산마을 그림
봉우리마다 저녁 눈에 덮혔네.
조각배에 어느 곳 나그네인지
아마도 대처사(戴處士) 집을 찾아 가는 게지.
- 임진년(1952) 이른 봄.

壁上圖[82)]

- 鎭海別莊壁上, 有深香居士筆, 山村暮雪圖.

壁上山村景、千峰暮雪餘。
孤舟何處客、來訪戴翁居。
- 壬辰早春.

---

82)「임진년 이른 봄에 심향거사의 산촌모설도에 쓰다[壬辰早春題深香居士山村暮雪圖]」라는 제목도 썼다.

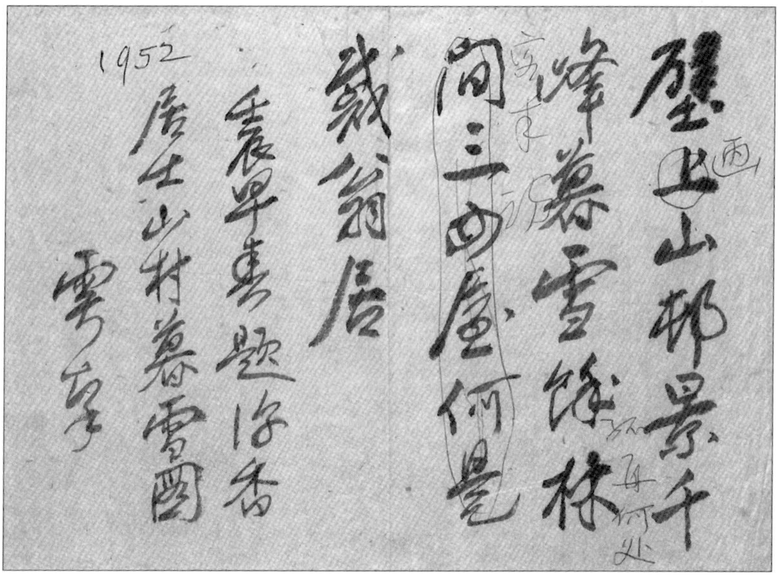

연세대학교 이승만연구원 소장

우연히 읊다
- 중국 공산당을 개탄하다.

반도 삼천만과
중화 사억인이
어쩌다 서로 싸워
원수가 되었나.
- 임진년(1952) 이른 봄.

偶吟
- 慨嘆中國共産黨.

半島三千萬、中華四億人。
如何相戰伐、欲作異邦民。
- 壬辰早春.

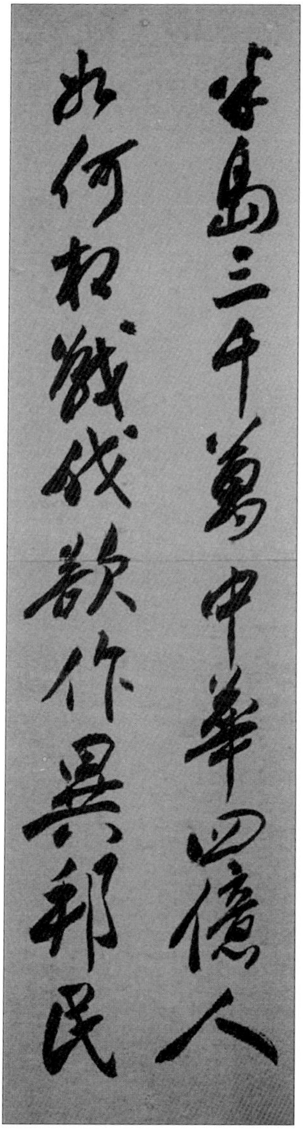

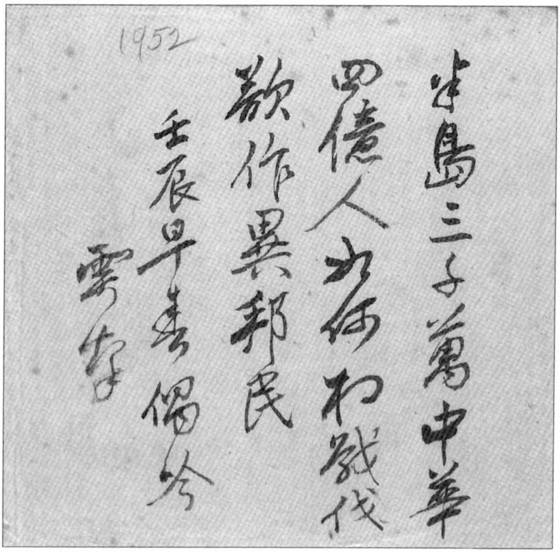

연세대학교 이승만연구원 소장

출처: 『雩南李承晩博士書集』

겨울 밤 베개 위에서 짓다

피곤해 자려니 온갖 생각 일어나
생각이 일어나니 잠은 가고 도로 곤하네.
온갖 생각 떨치려고 새 구절을 지으니
잘 짓고 못 짓고를 말해서 무엇하랴.
- 임진년(1952)

冬夜枕上作

因困欲眠萬念回。念回眠去困還來。
爲排萬念試新句、新句何論才不才。
- 壬辰.

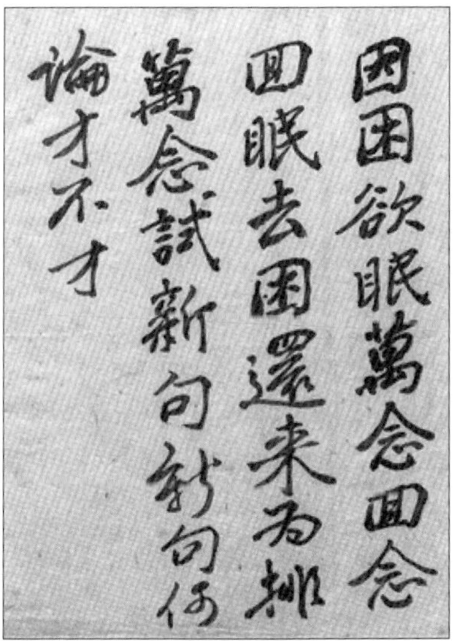

困困欲眠萬念回念
回眠去困還來爲排
萬念試新句新句何
論才不才

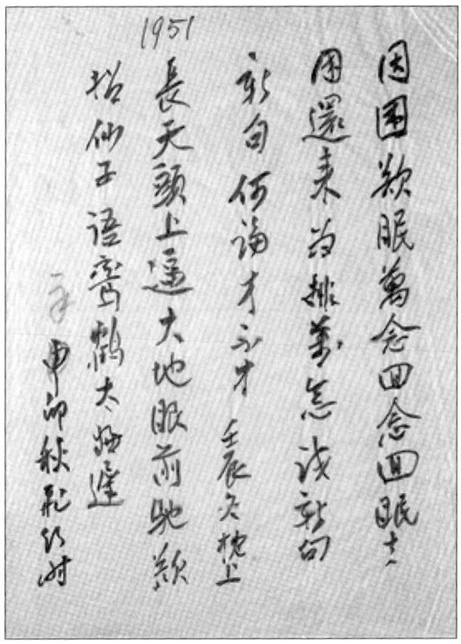

1951
困困欲眠萬念回念回眠去
困還來爲排萬念試新句
新句何論才不才 壬辰冬枕上
長天頭上遠 大地眼前馳

연세대학교 이승만연구원 소장

신묘년 가을에 여행하면서

넓은 하늘이 머리 위로 다가오고
큰 땅이 눈 앞에 달려오네.
신선을 불러서 말해보고 싶건만
난새와 학이 너무 늦게 왔다고 꺼리네.

辛卯秋 紀行時

長天頭上逼、大地眼前馳。
欲招仙子語、鸞鶴太嫌遲。

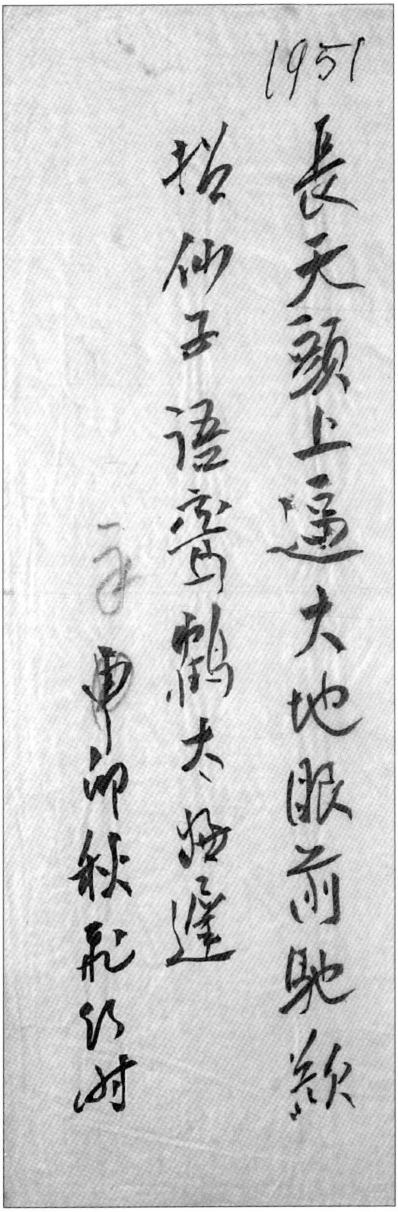

연세대학교 이승만연구원 소장

해군 기념일

작년 이 날에는 꽃이 미처 피지 않더니
금년 오늘은 꽃이 벌써 져버렸네.
명년에도 꽃놀이[83]를 하고 싶은데
또 어긋나면 어떻게 하나.
- 계사년(1953) 진해에서

海軍紀念日

去年此日未開花。此日今年落已多。
明年擬續看花會、如復違期更奈何。
- 癸巳, 於鎭海.

83) 초고에는 “난정계(蘭亭契)”로 되어 있다.

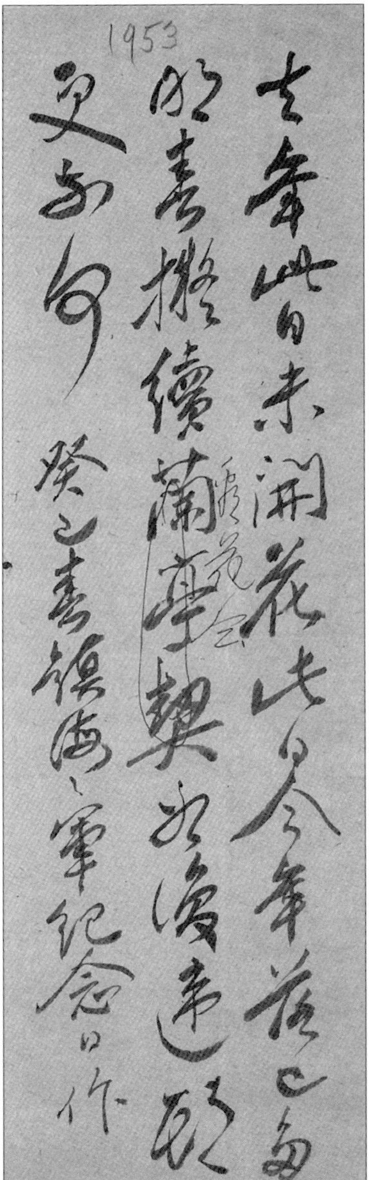

연세대학교 이승만연구원 소장

돌부처

- 파주(坡州) 큰길 가 산 위에 돌부처가 서 있는데, 동네 사람들이 작은 돌부처 하나를 더 세우고 내게 글을 부탁하였다.[84]

이 부처가 인도에서 와서
망향대에 몇 번이나 올랐나.
서쪽으로 만릿길을
돌아갔다가 돌아오지 않네.
- 계사년(1953)

石佛

- 坡州大路邊, 有石佛立於山上, 洞民更立一小石佛, 囑余記之.

佛從天竺來。幾上望鄕臺。
萬里西行路、歸魂去不回。
- 癸巳.

84) 파주에 석불이 두 군데 있는데, 용미리에는 보물 제93호로 지정된 마애이불입상(磨崖二佛立像)이 있고, 동파리에는 경기도의 유형문화재 제156호로 지정된 마애사면석불(磨崖四面石佛)이 있다. 용미리 석불 옆에 작은 돌부처가 세워져 있다.

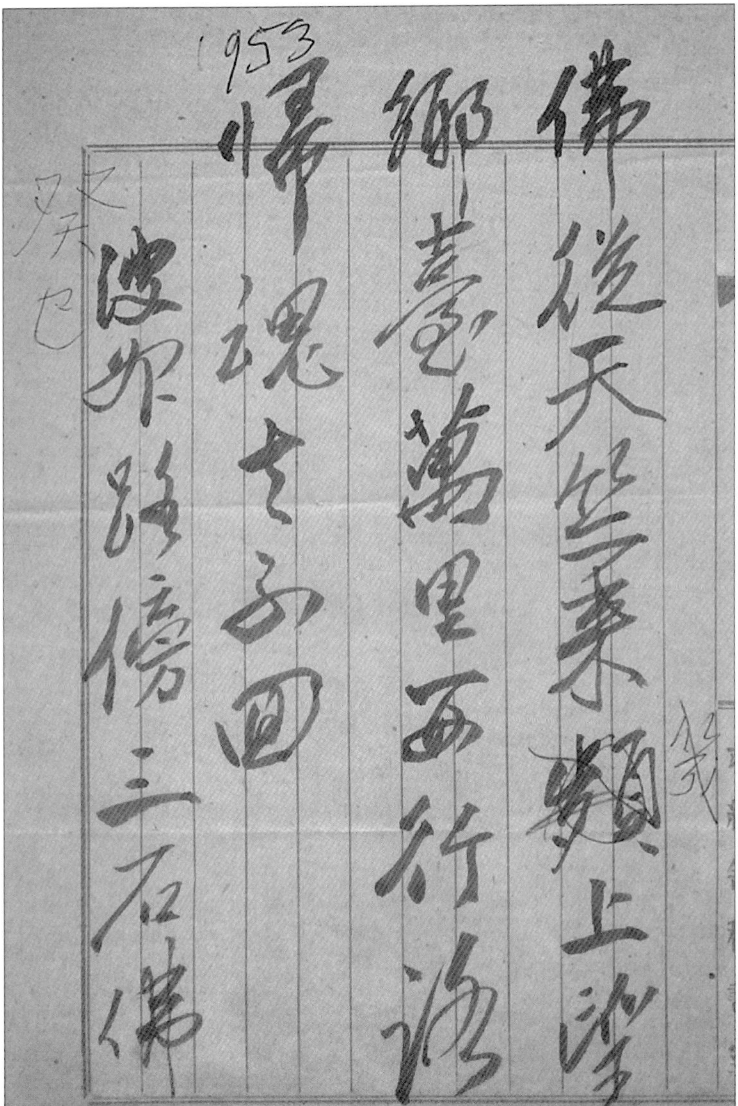

연세대학교 이승만연구원 소장

해인사

해인사 이름이 해동에 으뜸이고
가야산 푸른 빛은 예와 같구나.
누각엔 아지랑이 아물거리고
스님들은 구름 속에 아득히 누워 있네.
고운대(孤雲臺) 아래에는 천년 고목이 섰고
대적전(大寂殿) 앞에는 만리 바람이 불어,
난리에 팔만대장경 탈이 없는 것
스님들은 말하는구나, 부처님 공덕이라고.

- 계사년(1953) 9월에 미국 대사 블릿스 부부와 테일러 장군 및 여러 친구들과 함께 해인사에 오르다.

海印寺

海印寺名冠海東。伽倻山色古今同。
樓懸翠靄微茫外、僧臥白雲縹渺中。
孤雲臺下千年樹、大寂殿前萬里風。
亂後藏經無恙在、沙門爭說世尊功。

- 癸巳菊秋, 與美大使뿌릭스內外, 불릿스大使, 테일러將軍, 及諸友, 登海印寺.

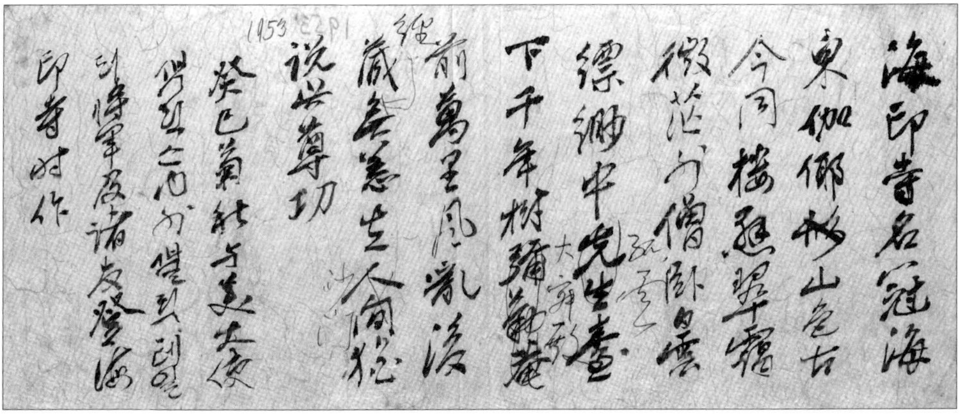

연세대학교 이승만연구원 소장

외로운 소나무

백척 큰 소나무 섬에서 자라
고고한 모습으로 사시에 푸르구나.
무리에서 빼어나기 쉬운 일 아니건만
팔방에 끝 없는 바람 혼자 받고 섰구나.
- 갑오년(1954) 이른 봄 진해에서.

孤松

百尺長松海島中。高孤蒼翠四時同。
出群拔俗元非易、獨受八方無盡風。
- 甲午早春, 於鎭海.[85)]

---

85) 이승만연구원 소장본에는 "갑오년 이른 봄 진해 작은 섬의 외로운 소나무를 보고 느낌이 있었다.[甲午早春見鎭海小島孤松有感]"라고 썼다.

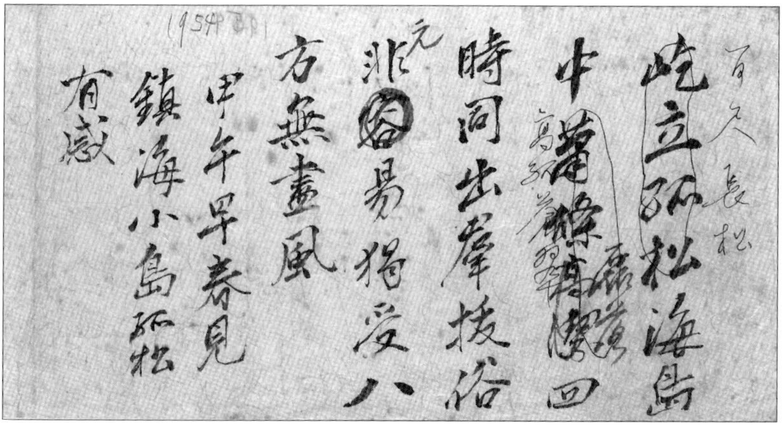
屹立孤松海島
中[illegible]回
時同出羣拔俗
非容易獨受八
方無盡風
甲午早春見
鎮海小島孤松
有感

연세대학교 이승만연구원 소장

낚시질하고 돌아오며

몇 자 남짓 되는 버들 가지를 꺾으니
꿴 고기는 버들잎 같고 버들잎은 고기 같구나.
잘고 굵은 것을 물어서 무엇하랴
내 뜻이 낚시질에 있지 고기에 있지 않다오.
- 갑오년(1954) 이른 봄 진해에서.

釣歸

折得柳條數尺餘。穿魚如葉葉如魚。
魚兒巨細何須問、志不在魚只在漁。
- 甲午早春, 於鎭海.

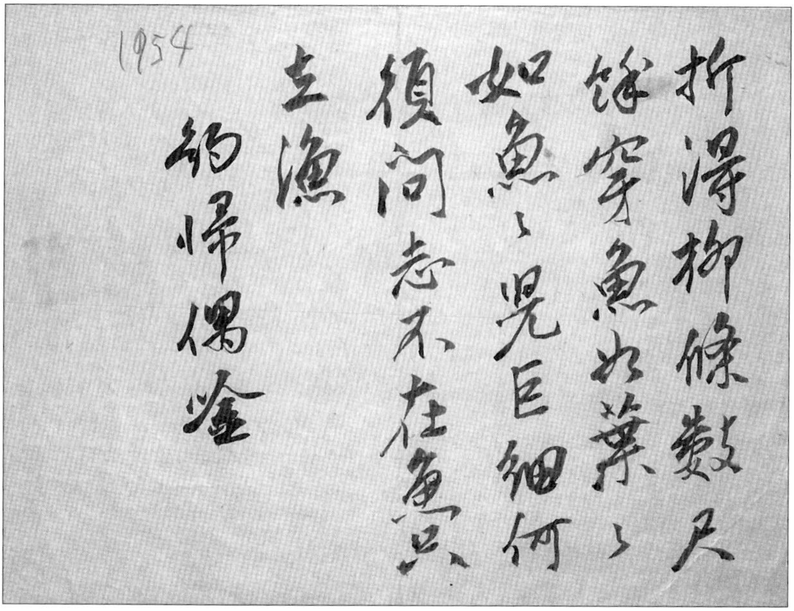
1954

折得柳條數尺
餘穿魚如葉〻
如魚〻晃巨細何
須問志不在魚只
在漁
釣歸偶唫

연세대학교 이승만연구원 소장

간성 청간정[86] 시에 차운하다

반도 동쪽 땅이 다한 곳
봉래가 가까우니 예가 영주일세.[87]
진시황이 아이 보내 무슨 약을 구했던가[88]
한무제도 몇 번이나 이 다락을 꿈 꾸었으리.
예맥의 푸른 산이 앞에 둘리고
부상의[89] 붉은 해가 난간 위로 솟아오르건만,
난리 중이라 이 좋은 풍월 주인이 없어
어부와 갈매기에게 맡겨버렸네.

次杆城淸澗亭韻

---

86) 관동팔경 가운데 하나로 강원도 고성군 토성면 동해대로 5110에 있으며, 강원도 유형문화재 제32호로 지정되었다. 화진포에 있는 이승만의 별장(강원도 고성군 현내면 이승만별장길 33)과 멀지 않으며, 1953년에 중건하고 이승만이 편액을 써서 걸었다.

87) 신선이 산다는 세 산을 삼신산(三神山)이라 했는데, 우리나라에서는 한라산을 삼신산 가운데 하나인 영주산에, 금강산을 봉래산에, 지리산을 방장산에 비하였다. 강릉을 영주, 또는 임영이라고도 했는데, 이 시에서는 청간정이 강릉과 금강산 사이에 있어 이렇게 말하였다.

88) 진(秦)나라 때 시황(始皇)이 서불(徐市)에게 동해의 삼신산(三神山)에 가서 불로초(不老草)를 캐 오라고 하면서 동남동녀(童男童女) 3000명을 데리고 가게 하였다. 『사기(史記)』 권6 「진시황본기(秦始皇本紀)」.

89) 동해에 있는 신목(神木)인데, 두 나무가 서로 부축하고 있어 "부상(扶桑)"이라고 한다. 해 뜨는 곳을 가리킨다.

半島東邊地盡頭。蓬萊咫尺是瀛洲。

秦童昔日求何藥、漢帝幾時夢此樓。

穢貊青山當戶立、扶桑紅日上欄浮。

亂中風月無人管、一任漁翁與白鷗。

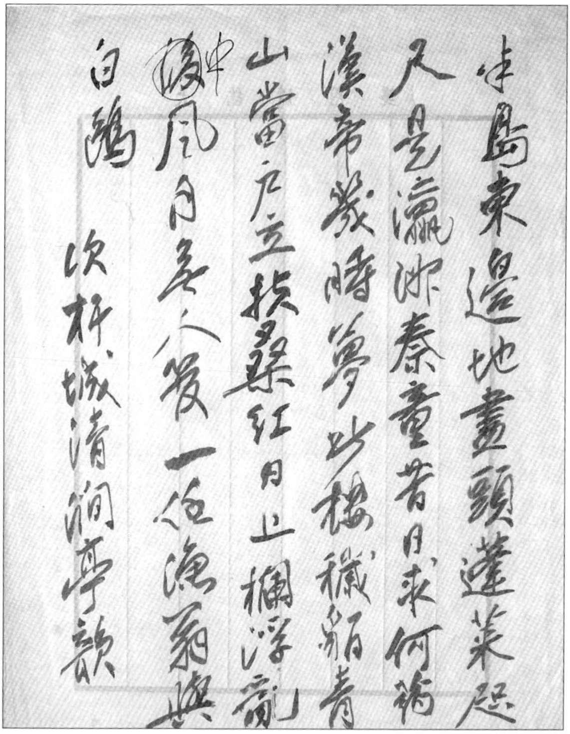

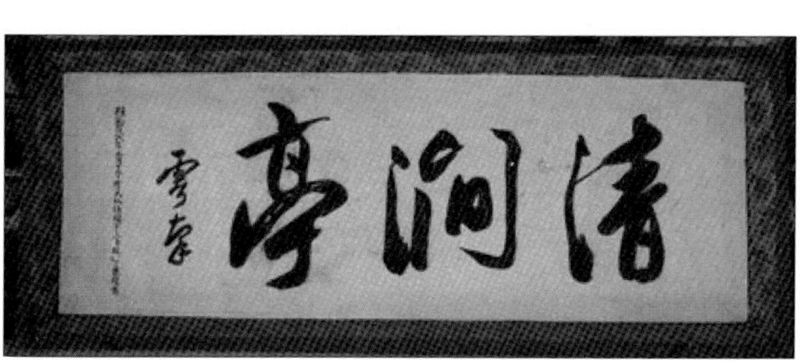

사진 설명: 이승만이 쓴 청간정 편액

이른 봄에 우연히 읊다

어제 진해 남쪽에선 꽃이 하마 시들던데
오늘 한강 북쪽엔 눈이 아직 차갑구나.
이른 봄엔 남쪽에, 늦은 봄엔 북쪽에 노니니
한 해에 두 번 만나는 것도 어렵지 않구나.
- 을미년(1955)

早春偶吟

昨過鎭南花已殘。今來漢北雪猶寒。
春早南遊春晚北、一年何必再逢難。
- 乙未

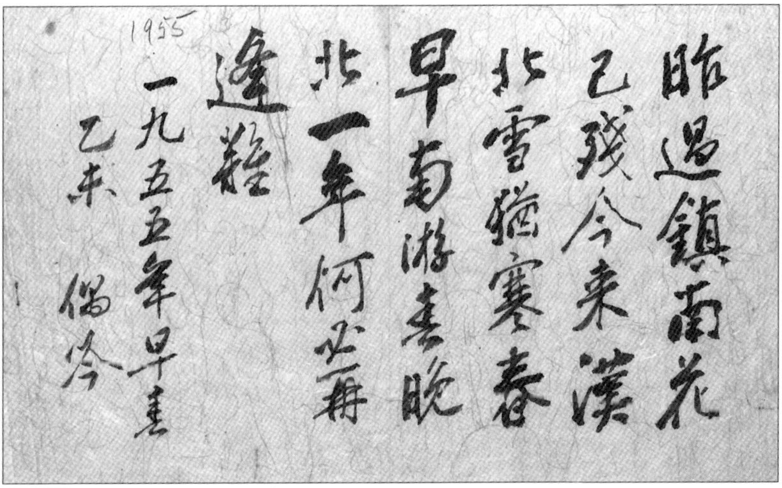

연세대학교 이승만연구원 소장

을미년 선달 그뭄 밤 회포를 쓰다

반평생 선달 그뭄을 나그네로 보내
해마다 이날 밤이 되면 집을 그리워했지.
이국에서 한 해를 맞고 보내던 게 버릇이 되어
집에 있으면서도 다시 집에 갈 생각을 하네.
- 을미년(1955)

乙未除夜述懷

半生除夕客中過。鄕思年年此夜多。
異域送迎慣成習、在家還復憶歸家。

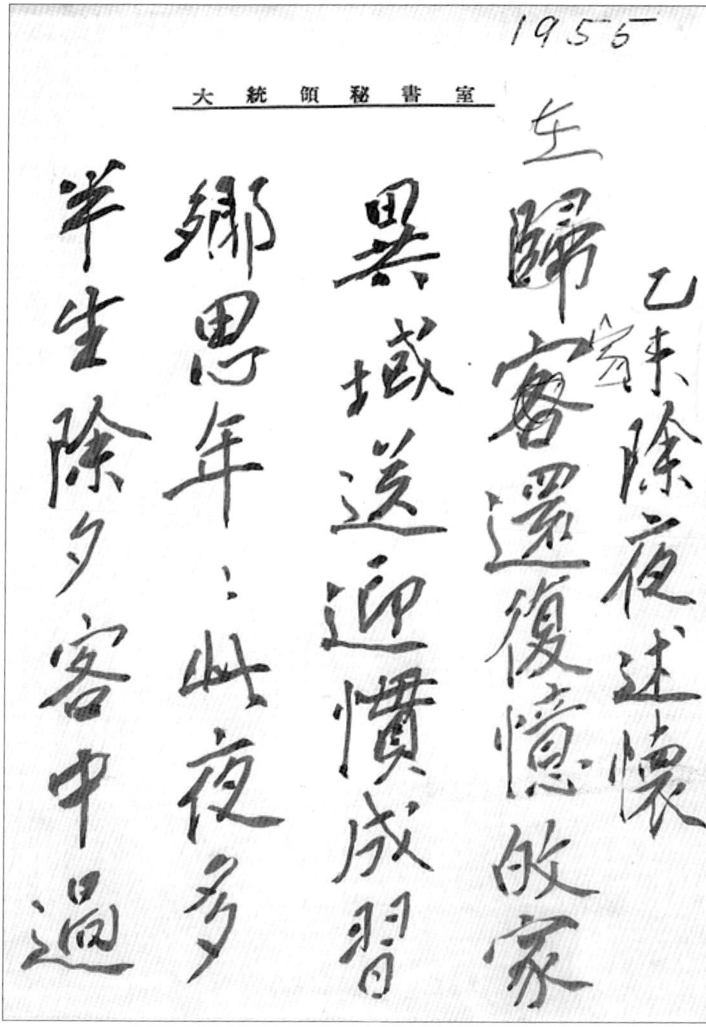
1955

大統領秘書室

乙未除夜述懷

歸客還復憶故家
異域送迎慣成習
鄉思年年此夜多
半生除夕客中過

연세대학교 이승만연구원 소장

광나루에서 돌아오는 길에 짓다

언덕 위에 누구 무덤인지
돌사람이 길 가에 넘어져 있네.
자손들은 전쟁에 다 죽었는지
거친 바람에 풀만 우거졌구나.
- 병신년(1956)

廣津歸路卽事

岸上誰家塚、石人臥路邊。
子孫俱戰歿、宿艸與荒烟。
- 丙申

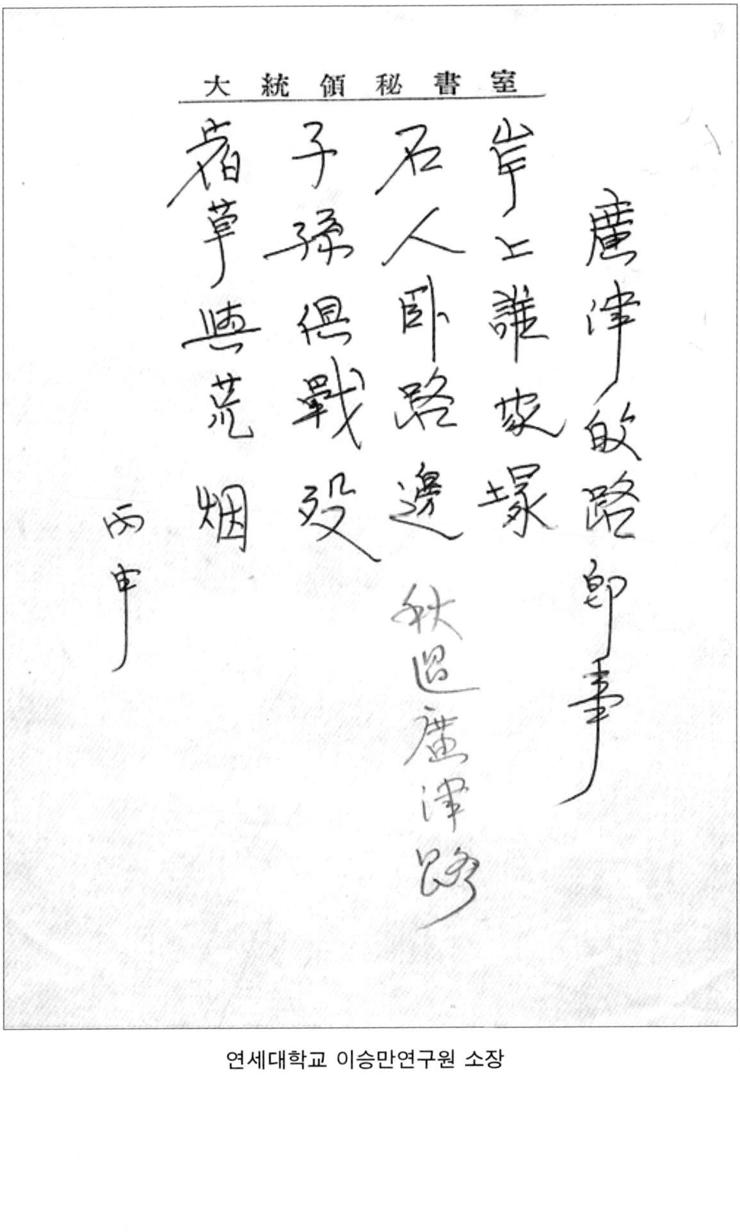
大統領秘書室

廣津敗路卽事

岸上誰家塚
石人臥路邊
子孫俱戰歿
宿草與荒烟

秋過廣津路

丙申

연세대학교 이승만연구원 소장

생일에

살아오면서 여든한 번째 봄을 맞아
지난 일 헤아리니 온갖 느낌이 새롭구나.
동창과 옛 벗들은 거의 다 없어지고
떠돌던 이역 산천만 꿈에 자주 뵈누나.
해동은 예로부터 물려 받은 내 땅인데
지금은 북쪽 땅이 되놈 발에 밟혔으니,
노래와 선물로 나를 축하하지 마오
빈 이름으로 세상 사람 움직인 게 부끄럽다오.

- 병신년(1956) 3월 26일에 술회를 기록하여 주한외교단 단장 왕동원 대사의 축하시에 삼가 화답하다. 우남.

生日有感

生逢八十一回春。往事商量百感新。
同窓故舊零星盡、異域山川入夢頻。
從古海東惟我土、至今嶺北尙胡塵。
詞章玉帛爭稱賀、自愧虛名動世人。

- 丙申三月廿六日述懷, 玆忘拙書, 爲駐韓外交團團長王東原大使所贈祝賀詩, 謹和. 雩南

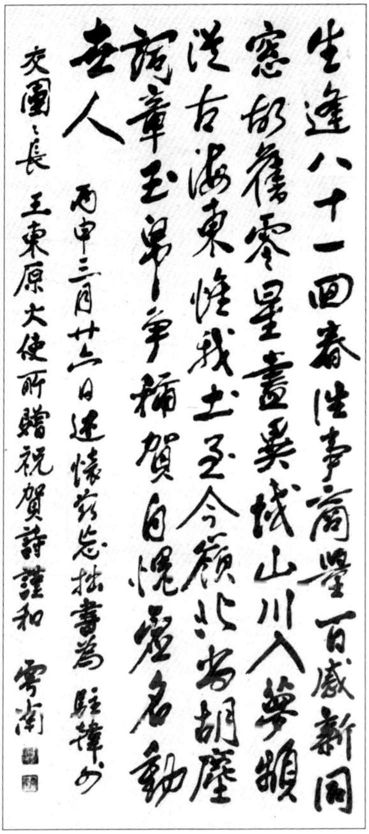

生逢八十一回春 往事商量百歲新
同窓故舊零星盡 異域山川入夢頻
從古海東推我土 至今嶺北尙胡塵
詞章玉帛爭稱賀 自愧虛名動世人

丙申三月卄六日 述懷 忘拙書爲 駐韓友
交國々長 王東原大使所贈祝賀詩謹和 雩南

출처: 『雩南李承晩博士書集』

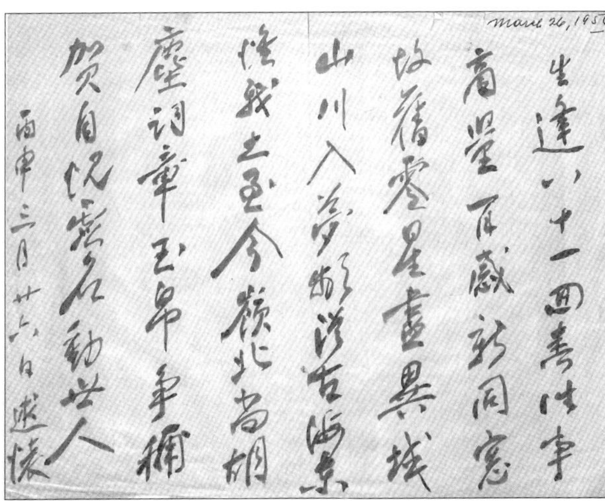

March 26, 1956

生逢八十一回春 往事商量百歲新
同窓故舊零星盡 異域山川入夢頻
從古海東推我土 至今嶺北尙胡塵
詞章玉帛爭稱賀 自愧虛名動世人

丙申三月卄六日 述懷

연세대학교 이승만연구원 소장

봄을 보내며

봄은 해마다 이리도 바삐 가는지
가는 저 봄을[90] 잡아 맬 길이 없구나.
옛부터 재자 가인 탄식하며 하는 말이
꽃 피는 다락에는 석양이 쉬 된다지.
- 병신년(1956)

餞春

春事年年去太忙。東君歸駕縶無方。
古今才子佳人恨、花柳樓臺易夕陽。
- 丙申

90) "동군(東君)"은 해다. 『광아(廣雅)』「석천(釋天)」. 그 뒤에 여러 시인들이 동군을 춘신(春神)이라는 뜻으로 썼다.

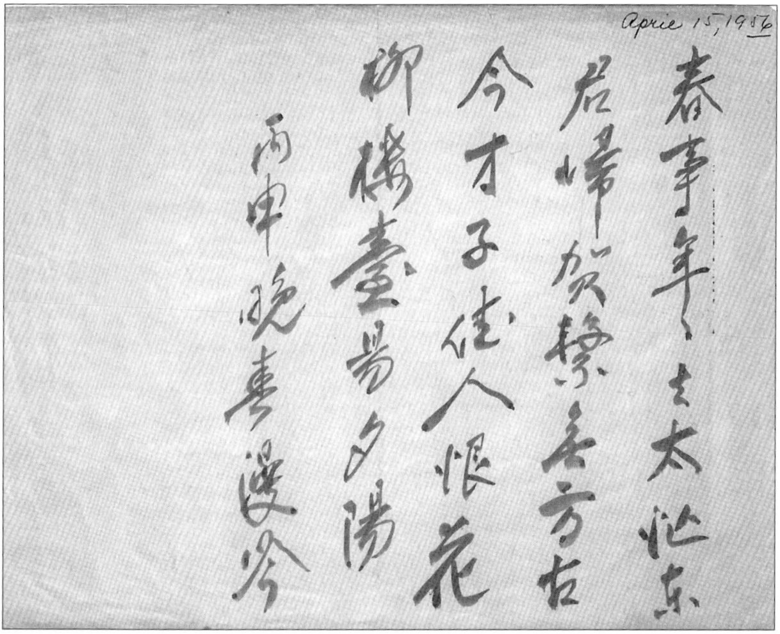

연세대학교 이승만연구원 소장

비 오는 밤 벼개 위에서 읊다

일년중 만물이 소생할 때 방초에 비가 내려
야박하게도 삼월 봄바람에 꽃이 지는구나.
봄이 왔다 가는 건 해마다 있는 일이건만
모두가 비바람 속에 일어나는구나.
- 병신년(1956) 4월.

夜雨枕上偶吟

生色一年芳草雨、薄情三月落花風。
春來春去年年事、盡在風風雨雨中。
- 丙申四月

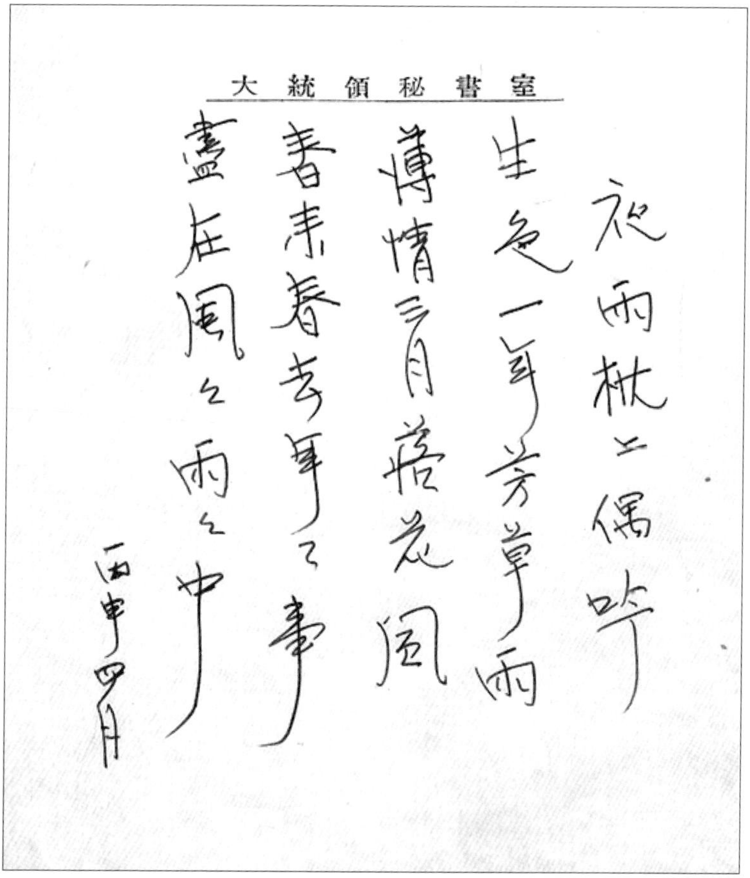

大統領秘書室

夜雨枕上偶吟
生意一年芳草雨
薄情三月落花風
春來春去年年事
盡在風風雨雨中
丙申四月

연세대학교 이승만연구원 소장

느낀 바 있어

- 이강석(李康石) 군을 입양할 때에 지었다.[91]

아홉 번 죽다 열 번 살아 목숨을 부지했으니
이씨 가문의 육대 독자일세.
고향 산천을 꿈에도 못 잊건만
선영에 묻히신 백골 돌아 볼 사람 없었지.
- 정유년(1957) 봄

有感
- 李康石君入養時作

十生九死苟生人。六代李門獨子身。
故國青山徒有夢、先塋白骨護無親。
- 丁酉春

91) 이승만은 대통령으로 재임하던 당시, 측근에게 입버릇처럼 한탄한 것이 있었다. 그것은 첫째는 자식이 없는 것이었고, 둘째는 일국의 대통령으로서 외국인을 부인으로 맞은 것이며, 셋째는 통일을 이루지 못한 것이라고 한다. 그래서 그는 양자로 후사(後嗣)를 정하기를 열망하였고, 또 주위에서 권고도 받았다. 제일 먼저 물망에 오른 사람은 이우(李鍝) 공과 박찬주비(朴贊珠妃) 사이의 차남 이종(李淙)이었는데, 이종은 직계 왕손이었으므로 왕정복고(王政復古)의 물의가 일어날 것 같아 포기한 것으로 알려졌다. 그 다음으로 꼽힌 인물이 이기붕의 장남 이강석(李康石)인데, 그는 양녕대군의 후손이 아니라 효령대군(孝寧大君)의 후손으로, 항렬(行列)로 보아도 손항(孫行)이 되어 양자로 삼기에는 무리였다. 그러나 6대 독자인 이승만은 그대로 있을 수가 없어 결국 82회 생일에 이강석을 양자로 맞았다. 李元淳, 『人間 李承晩』, (서울: 新太陽社, 1988), 17~18쪽.

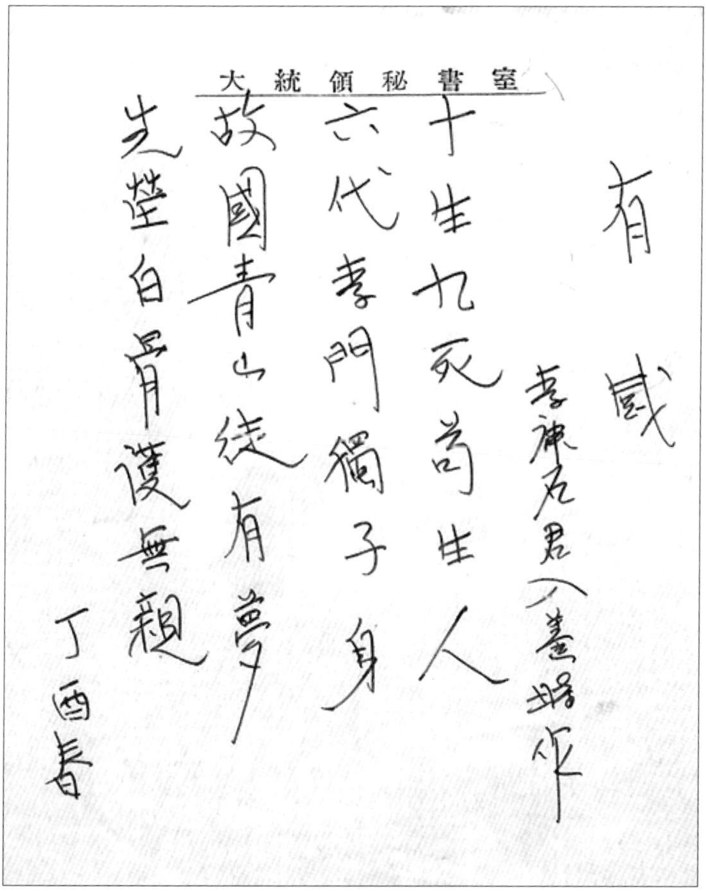

大統領秘書室

有感

李神石君(善勝)作

十生九死苟生人
六代孝門獨子身
故國青山徒有夢
先塋白骨復無親

丁酉春

연세대학교 이승만연구원 소장

제6부

『우남이승만박사서집(雩南李承晚博士書集)』에 실린 시

1990년에 간행된 『우남이승만박사서집(雩南李承晚博士書集)』은 우남 이승만박사 서집발간위원회가 글자 그대로 이승만의 휘호를 모은 책이기에, 이 책에 실린 글 가운데 이승만이 지은 시도 있지만, 남의 시를 쓴 것도 있고, 시가 아닌 글도 있다.

대부분 자신이 글을 지어서 글씨를 썼지만, 자신이 좋아하는 글을 쓴 것도 많다. 남의 글을 써준 경우에는 "월남 선생의 시 한 절구를 써서 드리다[書月南先生詩一絶爲囑]"라고 밝힌 경우도 있지만, 밝히지 않은 경우에도 반드시 이승만 자신의 글이라고 단정할 수는 없다.

상황에 따라 글씨를 써주기 위한 것이 목적이기 때문에, 온전한 시가 아닌 글도 있다.

정해년 중추에 마포 평원정으로 옮겨 머물다

무슨 일로 집을 옮겨 강가에 머무시나

찾아오는 사람마다 묻기를 마지않네.

서남쪽을 향해 저 창밖을 보소

오호(五湖)[92]의 풍광이라 온 산이 가을일세.

- 정해년(1947) 추석에 마포 평원정으로 옮겨 머물다.[93]

---

92) "오호(五湖)"는 고대 오월(吳越) 지역의 다섯 개 호수인 구구(具區), 요포(洮浦), 팽려(彭蠡), 청초(青艸), 동정(洞庭) 등이다. 춘추시대 월나라 대부 범려(范蠡)가 월왕(越王) 구천(句踐)을 위하여 오(吳)나라를 멸망시키고 나서 즉시 거룻배를 타고 오호로 떠나 정쟁에 휩쓸리지 않고 보신하였다. 서울에서는 한강에 나루가 있던 한강(漢江)·용산(龍山)·마포(麻浦)·현호(玄湖)·서강(西江)을 오강(五江)이라고 하였는데, 물이 잔잔한 강을 호(湖)라고 하여 같은 뜻으로 사용하였다. 한강의 각 유역마다 '호(湖)'라는 이름이 있었으니, 두모호(豆毛湖. 지금의 팔당댐 부근 유역), 미호(渼湖. 남양주 부근 유역), 동호(東湖. 지금의 옥수동 부근 유역), 용호(龍湖. 용산 부근 유역), 마호(麻湖. 마포 부근 유역), 서호(西湖. 마포에서 양화까지의 유역), 행호(杏湖. 양천에서 행주까지의 유역) 등이다. 윤기(尹愭)는 한강 자체를 '오호(五湖)'라고 부르기도 했는데, 여기서도 같은 뜻이다.

93) 1945년 10월 16일 오후 맥아더 원수의 전용기를 타고 김포비행장에 도착한 이승만은 소공동 조선호텔에 투숙하였는데, 미 군정(軍政) 요인들이 다수 투숙하고 있는 조선호텔에 그의 지지자들이 대거 방문하여 복잡해지자 10월 24일 조선타이어주식회사 사장 장진섭이 제공한 돈암장으로 숙소를 옮겼다. 그러나 신탁통치 반대투쟁 등이 돈암장에서 결정되면서 이승만이 미 군정 최고책임자 하지 중장과 충돌하게 되자 장진섭이 불안해져서 이승만에게 집을 비워달라고 요구하였다. 이승만이 1947년 8월 18일에 입주하여 평원정(平遠亭)이라고 이름을 붙인 집에는 원래 조선시대에 안평대군이 지은 담담정(淡淡亭)이 있었으며, 일제강점기에는 다나카 다케오(田中武雄) 정무총감의 여름별장이 있었다. 이곳에서 암살 위기를 넘긴 이승만은 두 달 뒤에 이화장을 구입하여 이주하였다.

移家何事住江頭。來訪人人問不休。

須向西南窓外望、五湖烟月萬山秋。

- 丁亥仲秋移寓麻浦平遠亭

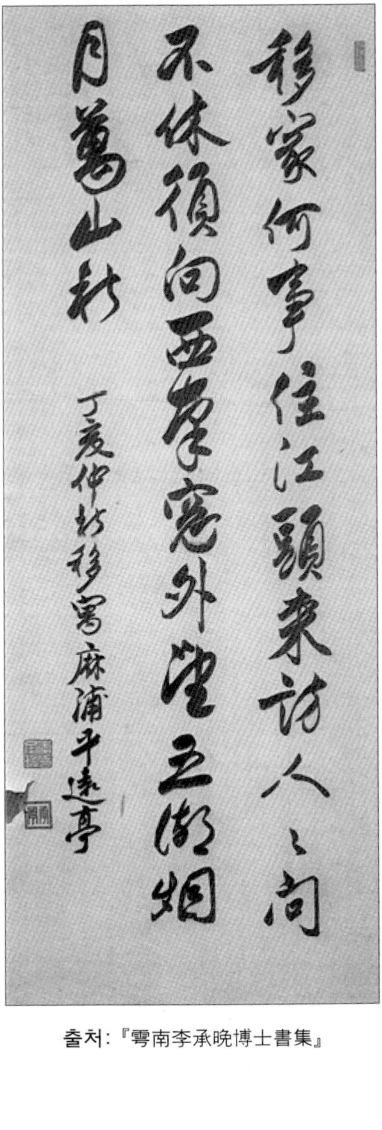

출처:『雩南李承晩博士書集』

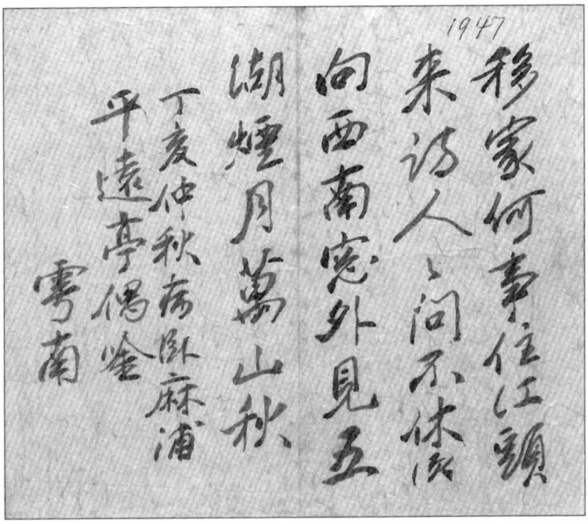

연세대학교 이승만연구원 소장

정해년 겨울 마포 평원정에서 이화장으로 이주하다

동대문 북쪽 낙산 앞 기슭,
이화동 옛 동천[94]에 새집을 마련하였네.
보신각 종소리 가랑비 속에 들려오고,
남산 모습은 저녁 구름 가에 보이는구나.
아이는 눈을 쓸어 소나무 아래 길을 트고,
아내는 얼음 깨어 바위틈 샘물을 길어 오네.
집안이 작다한들 그 어찌 마다할까,
널찍한 숲과 구렁에 바람과 안개 넉넉하구나.[95]

丁亥冬自麻浦平遠亭移住梨花莊

城東門北駱山前。新卜梨花古洞天。
信閣鐘聲微雨裏、終南山色暮雲邊。

94) "동천(洞天)"은 동천복지(洞天福地)의 준말이다. 동천복지는 신선들이 거주하는 별세계인데, 도교에서는 동천복지가 명승지 깊은 곳에 있다고 믿었다. 지형(地形)으로 본다면 숲으로 둘러싸여 들어오는 길과 나가는 길이 보이지 않고 하늘만 둥그렇게 보이는 공간을 문인들이 동천이라고 표현하였다. 세상과 단절되어 자기만이 머무는 공간을 동천이라고 불렀던 것이다. 서울에서 동천(洞天)이라는 이름이 바위글씨로 남아 있는 곳이 13군데인데, 사대부들이 많이 살았던 종로구에 8군데나 남아 있다. 허경진, 「서울에 있는 동천(洞天) 바위글씨의 분포와 성격」, 『열상고전연구』 제58집, 2017. 그러나 이화동에 동천이라는 이름이 전하지는 않는다.

95) 이 시는 『우남이승만박사서집』에 실려 있는 시가 아니라, 이승만연구원에 소장된 친필 시이다. 같은 성격이기에 따로 분류하지 않고 이 항목에 함께 소개하였다.

掃雪兒開松下逕、鑿氷女汲石間泉。

棟宇何嫌排鋪小、一匡林壑足風烟。

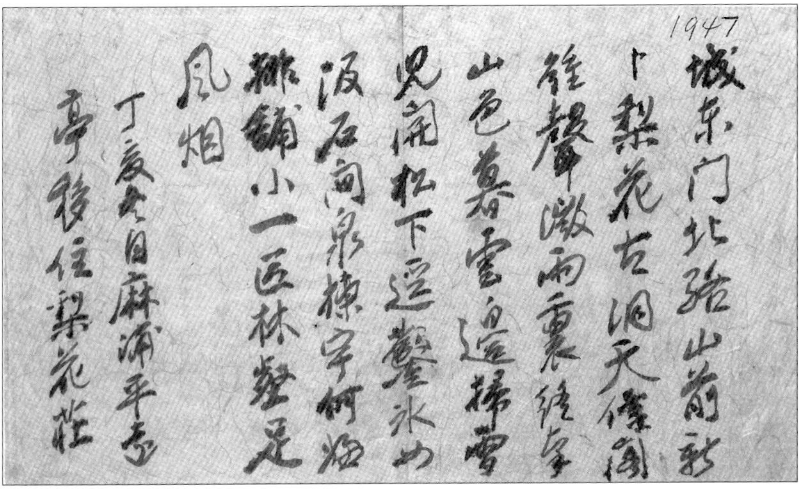

1947

城東門北路山前新
卜梨花古洞天傑閣
雞聲微雨裏絃[illegible]
山色暮雲邊掃雪
兒開松下逕鑿氷女
汲石間泉棟宇何嫌
排鋪小一匡林壑足
風烟
丁亥冬日麻浦平壽
亭移住梨花莊

연세대학교 이승만연구원 소장

무자년 늦봄 이화장

이화동이라 낮에도 그늘진 곳에
하루 종일 꾀꼬리 지저귀고 푸른 나무 깊숙하구나.
이웃 절간에 물이 흐르는데 스님은 보이지 않고
때때로 종소리만 빈 숲 사이로 들려오네.
- 무자년(1948) 늦봄 이화장에서[96]

梨花洞裏晝陰陰。鎭日鶯啼綠樹深。
隣寺水流僧不見、時聞鍾磬出空林。
- 戊子季春 梨花莊

---

96) 이화장은 조선시대 중종 때의 시인 신광한(申光漢, 1484~1555)이 살던 곳이라 '신대(申臺)'라 불렸던 곳인데, 1920년대에 5,491m^{2}의 대지에 건평 230m^2 규모로 한옥을 지었다. 뒷문 쪽 바위에 '홍천취벽(紅泉翠壁)'이라는 강세황의 각자(刻字)가 이승만이 살던 때까지 남아 있었다. 서울특별시 종로구 이화장1길 32에 있는데, 사적 제497호이다.

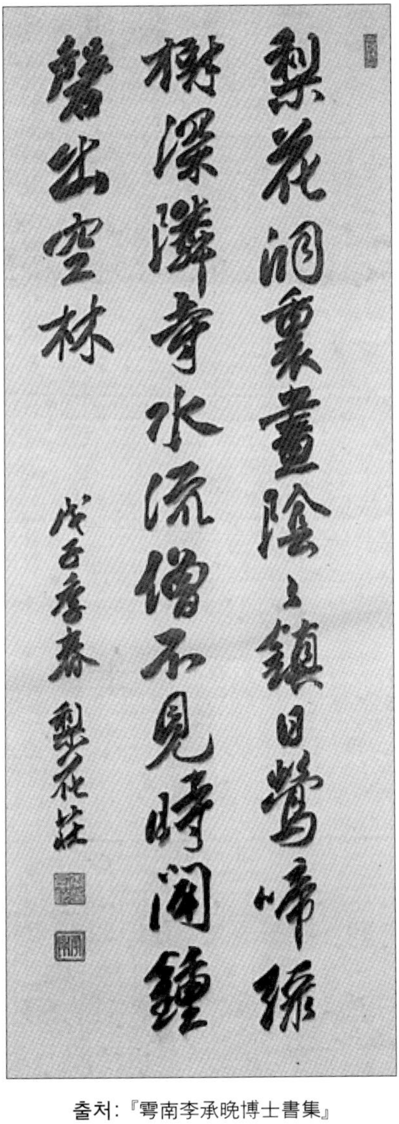

출처: 『雩南李承晩博士書集』

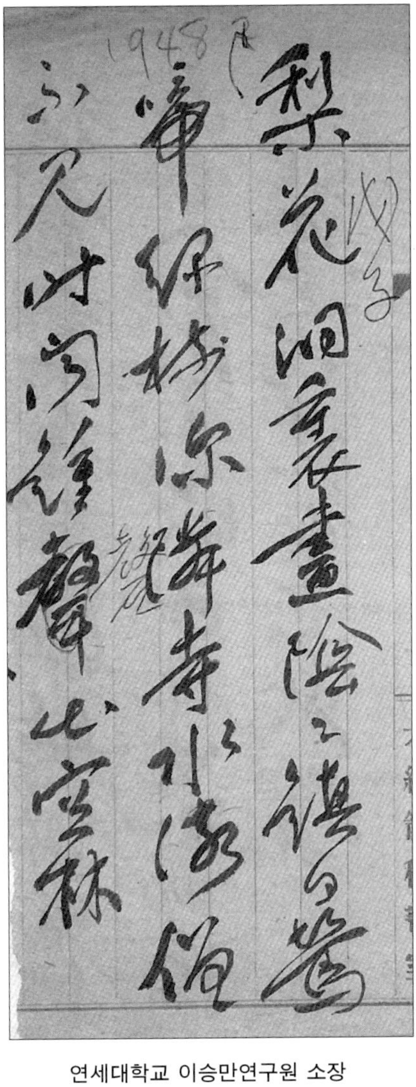

연세대학교 이승만연구원 소장

무자년 늦가을에 경무대로 자리를 옮기며

경무대[97] 앞의 달은
옛날과[98] 다름 없건만,
세상 흥하고 망한 일들은
기쁘기도 하고 슬프기도 하구나.
- 무자년(1948) 늦가을에 경무대로 자리를 옮기다.

景武臺前月、依然似舊時。
世間興替事、堪喜亦堪悲。
- 戊子季秋移位景武臺

---

97) 고려시대 남경(南京)의 이궁(離宮)이 있던 곳인데, 1426년에 경복궁이 창건되며 궁궐의 후원으로 정해지고 '경무대'라는 이름을 얻었다. 어영(御營)의 연무장(鍊武場)과 과거장(科擧場)으로 사용되고 융무당(隆武堂)이라는 건물도 있었는데, 1927년 총독부에 의해 헐리고 조선총독 관저가 세워졌다. 8·15 광복 뒤에 조선주둔군 사령관 하지 중장이 사용하다가, 정부 수립 뒤에 이승만 대통령의 관저로 사용되면서 경무대라는 이름을 되찾았다. 이승만이 하야한 뒤에 집권한 윤보선 대통령이 경무대라는 이름을 '청와대(靑瓦臺)'로 고쳤다.

98) 경무대 춘생문에서 1895년에 일어났던 춘생문사건을 가리킨다. 개화파 인사들이 명성왕후의 원수를 갚고 고종을 구출하려고 계획하였는데 사전에 탄로가 나서 친구 이충구는 체포되어 고문을 당하고, 이승만은 황해도 평산에 있는 누이의 집으로 피신하였다.

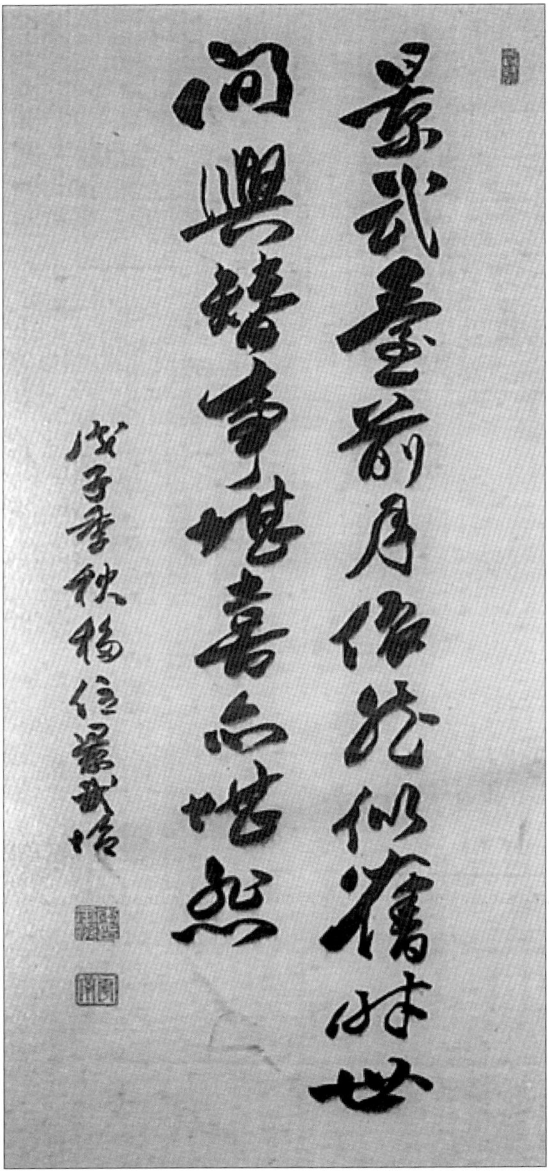

출처: 『雩南李承晩博士書集』

밴 플리트 장군의 전승을 기념하며 쓰다

한 몸이 흰 구름 위에 날았지요.
모든 나라가 붉은 불길 속이었지요.
백번 싸워 공을 이룬 곳이
서쪽 유럽과 동쪽 아시아였지요.
- 밴 플리트[99] 장군의 전승을 기념하기 위하여 쓰다. 이승만

一身白雲上、萬國赤焰中。
百戰成功地、歐西與亞東。
- 書爲밴풀릿將軍戰勝紀念 李承晚

99) 제임스 올워드 밴 플리트(James Alward Van Fleet, 1892~1992) 장군은 제2차 세계대전에서 공을 세워 미국 육군 제3군단 군단장으로 승진했으며, 한국전쟁에서는 유엔군 총사령관으로 미8군을 지휘하여 전세를 안정시켰다. 미국 정부가 휴전을 추진하자 이승만과 함께 휴전을 반대하고 전역을 결심한 뒤, 1953년 2월 12일 한국을 떠났다.

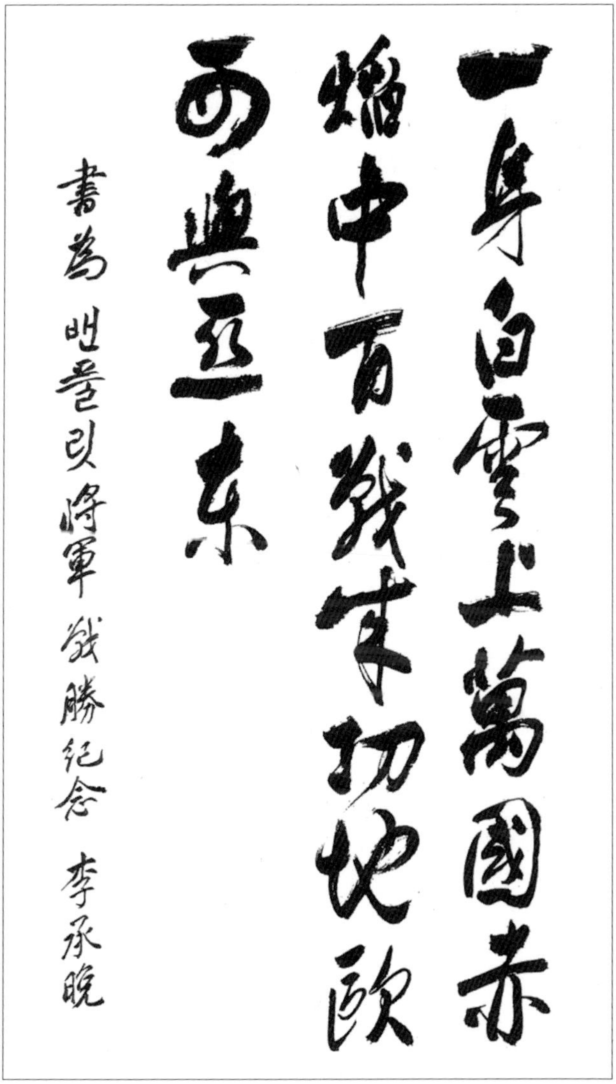

출처: 『雩南李承晚博士書集』

밴 플리트 장군 내한 1주년을 기념하며

반도가 어찌할 바를 모를 때에
장군께서 만리 멀리서 오셨네.
삼사(三師)[100]의 성세가 장하였으니
되놈 오랑캐들이 저절로 무너졌네.
- 밴 플리트 장군 내한 1주년을 기념하며 이승만 기증하다[101]

半島蒼黃際、將軍萬里來。
三師聲勢壯、胡虜自崩頹。
- 밴풀릿將軍來韓一週年紀念 李承晩贈

100) 삼군(三軍)과 같은 뜻이다. 오(吳)나라 왕 합려(闔廬)가 서(徐)나라를 멸망시키자 공자(公子) 두 사람이 초(楚)나라로 도망가니, 초나라가 암암리에 오나라를 칠 계획을 세웠다. 합려가 초나라를 공격하려 하자 오자서(伍子胥)가 작전을 세웠다. "우리의 삼사(三師)로 그들을 괴롭혀야 한다. 일사(一師)가 이르면 그들은 반드시 전 병력을 출동시킬 텐데, 그들이 나오면 우리는 돌아가고 그들이 들어가면 우리는 출동시킨다. 그러면 초나라가 반드시 길에서 피곤해질 것이다. 이렇게 자주 괴롭혀 피곤하게 하고 다방면으로 잘못되게 한 뒤에 삼군이 쳐들어가면 반드시 대승할 것이다." 그렇게 한 뒤에 마침내 초나라의 수도 영(郢)에 입성하였다. 『춘추좌씨전(春秋左氏傳)』「소공(昭公) 30년」.

101) 미국 국방부는 1951년 4월 11일에 당시 미국 본토 2군 사령관인 밴 플리트 장군을 제8군 사령관으로 임명했다. 잠시 휴가를 받아 플로리다의 과수원에서 오렌지나무를 심고 있던 밴 플리트 장군은 당장 한국으로 떠날 준비를 하라는 갑작스런 통보를 받고 한국행 비행기에 올랐다. 4월 14일 전쟁 발발 10개월 만에 밴 플리트 장군은 제8군 사령관으로 부임하였다. 이 시는 1952년 4월 14일에 써준 것이다.

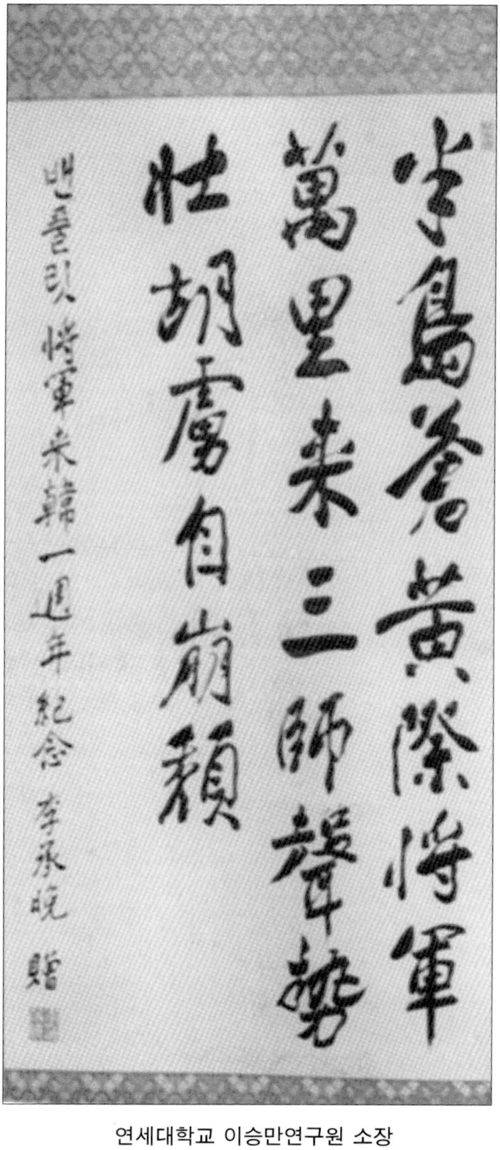

연세대학교 이승만연구원 소장

콜터 장군에게

동아시아 풍진 속에
장군이 우리나라에 주둔하셨지요.
창생을 극진하게 구제하여
고락을 우리 국민과 함께 하셨지요.
- 을미년(1955) 성탄절에 나와 뜻이 맞는 친구 콜터 장군에게 드리다. 이승만

東亞風塵裏、將軍駐我邦。
蒼生極濟意、甘苦與民同。
- 乙未聖誕節 爲贈我志友콜터將軍雅存 李承晩

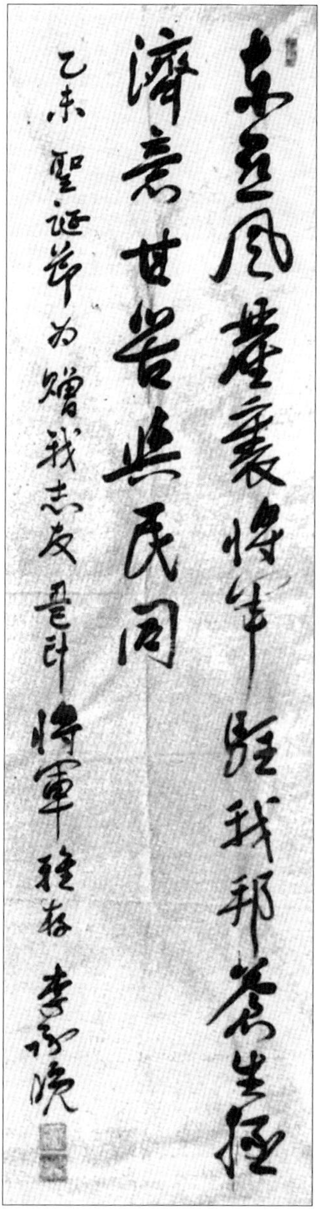

출처: 『雩南李承晩博士書集』

화이트 장군에게

어질고 의롭게 싸우며
지혜와 용기까지 겸하면
싸울 때마다 반드시 승리하고
공격할 때마다 반드시 차지하리라.
- 아이셔 디 화이트 장군께 드리다.[102] 이승만

仁義兼智勇戰。
戰必勝。
攻必取。
- 書爲아이셔 씌 화이트 將軍雅存 李承晩

---

102) 1958년 6월 16일 미국 태평양지구 지상군 총사령관인 화이트(Isaac D. White) 장군을 접견할 때에 써 주었다.

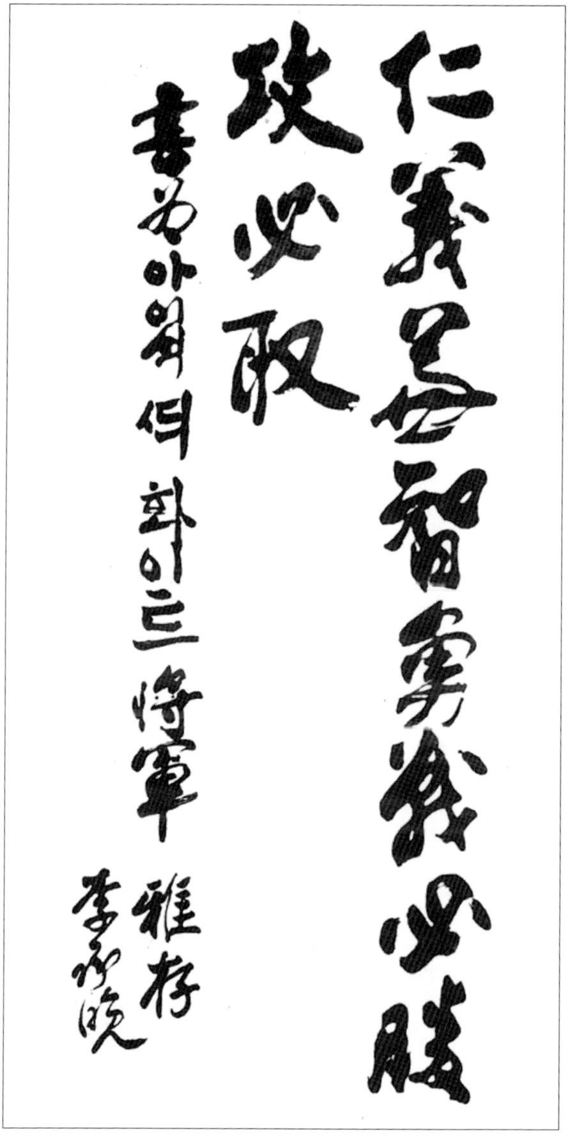

출처: 『雩南李承晩博士書集』

월남 고딘디엠 대통령 각하께

한국과 월남은 예부터 이웃인데
공산당 전화를 겪으며 갑절 서로 친해졌지요.
모름지기 우방 국가와 모두 힘을 합쳐
아시아를 길이 보전해 아시아 사람에게 속하게 합시다.
- 월남(越南)의 위대한 영도자 초대 대통령 고딘디엠(吳廷琰) 각하께 이승만 삼가 드리다.[103)]

從古越韓若比隣。今逢赤禍倍相親。
須令友國皆同力、永保亞洲屬亞人。
- 越南偉大領導初代大統領吳廷琰閣下雅存 李承晩 敬贈

---

103) 응오진디엠(吳廷琰, 1901~1963)은 베트남이 독립하던 1954년에 미국의 지원을 받아 총리가 되고, 1956년 국민투표로 공화국을 선포하여 대통령이 되었다. 가톨릭 신자로 지주와 군부 경찰 세력의 지지를 받아 강력한 반공 정치를 펼쳤으며, 1957년에 한국을 방문하여 이승만 대통령과 정상회담을 하였다. 독재와 부패 등으로 민심을 잃어 1963년에 군부 쿠데타로 실각하고 살해되었다. 한자로 "吳廷琰"이라 표기된 그의 이름은 프랑스 신부가 제정한 베트남 문자로 Ngô Đình Diệm이라고 표기되는데, 이 시를 짓던 당시에는 '고딘디엠'이라고 읽었기에 제목에 그대로 살려서 표기하였다.

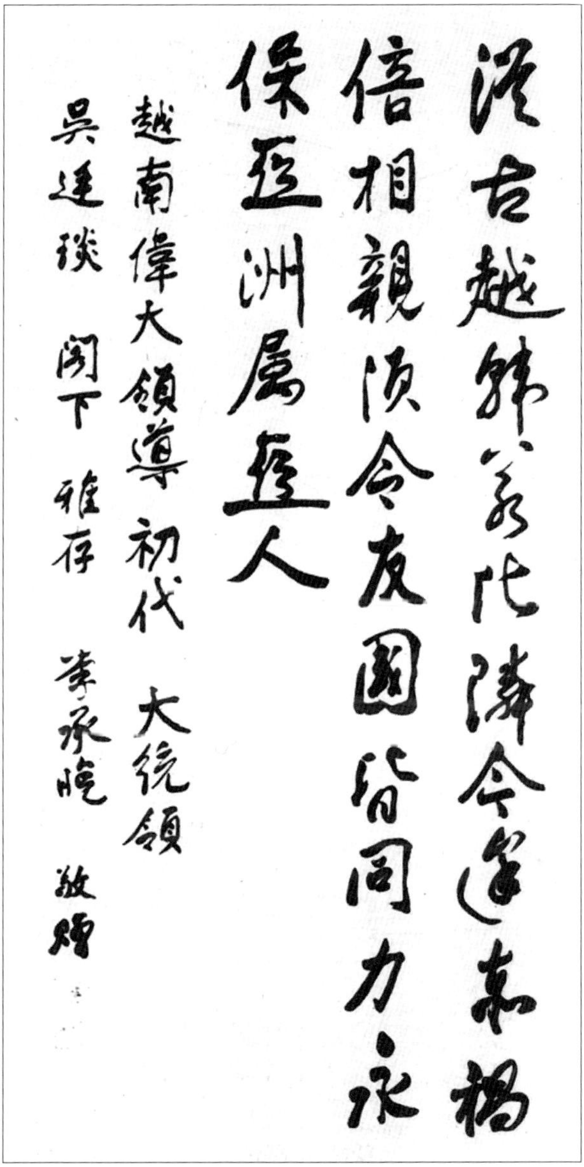

출처: 『雩南李承晩博士書集』

태평양 미군 총사령관 펠트 제독에게

제독[104]께서 동아시아를 진정시키니

우방들이 모두 다 환영하네.

새해를 축하하는 오늘

개선가 부르며 태평을 칭송하네.

- 태평양 미군 총사령관 해리 디 펠트(Harry D. Felt) 제독께 드리다.[105] 이승만

元戎鎭東亞、友國盡歡迎。

今日新年賀、凱歌頌太平。

- 書爲太平洋美軍總司令官 해리.씌.펠트提督雅存 李承晩

---

104) 원문의 "원융(元戎)"은 본래 군대의 선봉을 맡은 큰 병거(兵車)를 뜻하는데, 여기서는 통솔자로서 펠트 제독을 가리킨다. 『시경(詩經)』「유월(六月)」의 "원융 십승으로 먼저 길을 떠난다.[元戎十乘 以先啓行]"라는 구절에서 나온 말이다.

105) 1958년 5월 30일 경무대에서 미국 해군참모차장 펠트 제독을 접견하였으며, 같은 해 12월 12일에 진명여고 학생들이 이 친필 한시를 수놓아서 청와대에 증정하였다.

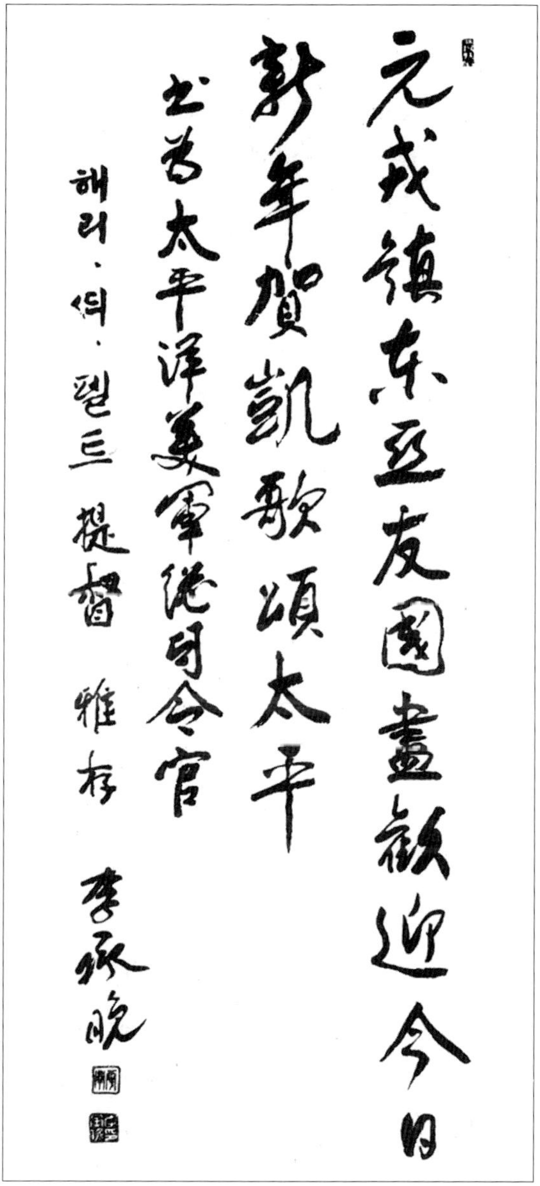

출처: 『雩南李承晩博士書集』

이대 총장 김활란 박사 회갑을 축하하며

반생을 여성교육 사업에 전념하여서
이화여대 명성이 세계에 전해졌네.
오늘 회갑의 경사를 반갑게 맞아
가까이서 멀리서 오래 사시라 다투어 칭송하네.
- 이대(梨大) 총장 김활란 박사의 회갑을 위해 쓰다. 우남

半生事業女敎專。梨大名聲四海傳。
今日欣逢花甲慶、邇遐爭頌鶴龜年。
- 書爲梨大總長金活蘭博士回甲 雩南

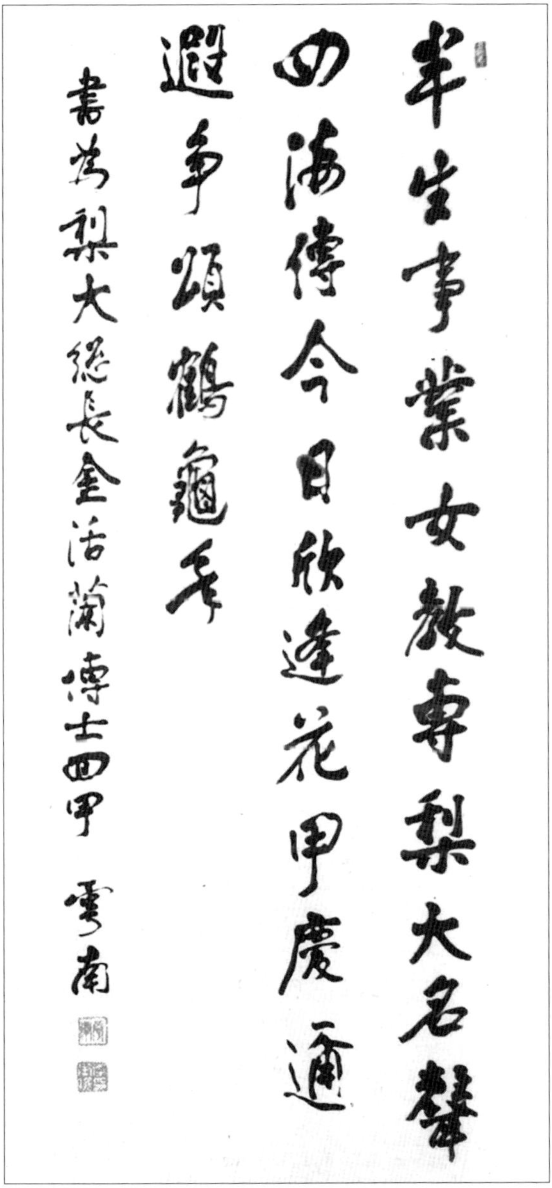

출처:『雩南李承晩博士書集』

운크라 행정관 이스트우드 장군께

집을 떠나 나그네 되어
우리나라 도와 부흥케 했네.
붉은 무리 화액의 풍진 속에
온갖 어려움을 민중과 함께 하네.
- 운크라[106] 행정관 헤롤드 이 이스트우드 장군께 쓰다.[107] 이승만

離家事作客、助我復興功。
赤禍風塵裏、艱危與衆同。
- 書爲웅크라行政官 헤롤드 이 이스트읏將軍雅存 李承晩

106) "운크라"는 유엔한국재건단(UNKRA, United Nations Korean Reconstruction Agency) 영문 명칭의 약자인데, 1950년 12월 1일 유엔 총회에서 대한민국의 재건을 위해 설립된 유엔 기구로서 원조자금을 관리하였고, 1953년에는 수리조합연합회, UNKRA, UN군사정부 간에 「식량증산 및 수리시설 복구를 위한 원조협정」을 체결하고 수리조합 기자재를 지원하였으며, 1955년에 주한 미군 경제 조정관실로 업무를 이관하면서 폐지되었다.

107) 1959년 11월 21일에 이스트우드(Harold E. Eastwood) UNKRA 청산위원장을 접견하였다.

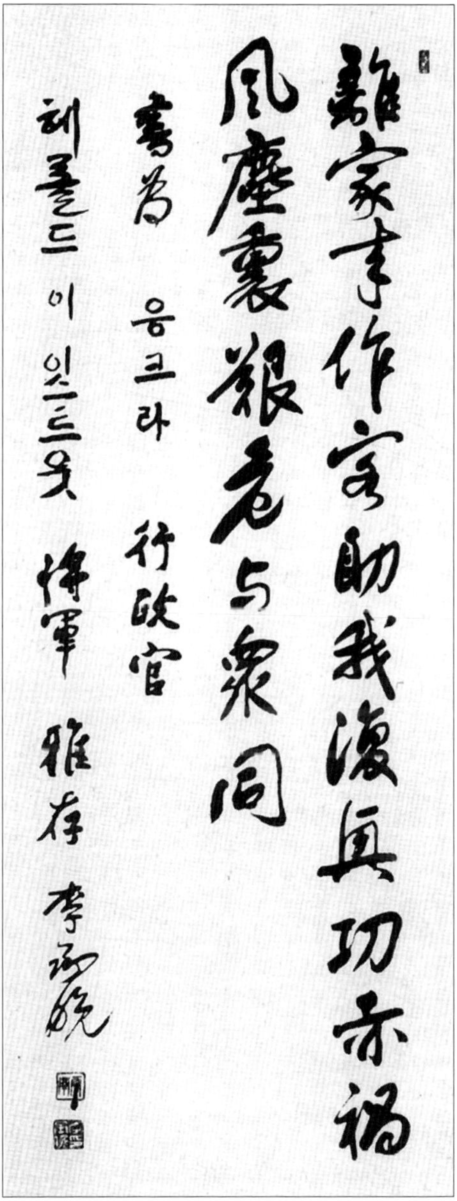

출처: 『雩南李承晩博士書集』

경제 조정관 윌리암 원에게

공비가 횡행하는 때에
연방이 방어를 함께 하네.
그대들의 조정하는 정책에 힘입어
경제가 날로 일어나는구나.
- 경제 조정관[108] 윌리엄.이.원에게 쓰다.[109] 우남

共匪橫行際、聯邦防禦同。
賴君調整策、經濟日興隆。
- 書爲經濟調整官윌리암.이.원雅存 雩南

---

108) UNKRA가 1955년에 폐지되면서, 관련 업무가 주한미군 경제조정관실로 이관되었다.

109) 1958년 7월 23일에 윌리엄 E. 원(William E. Warne) 경제조정관의 취임 2주년 축하식이 중앙청에서 열렸으며, 11월 28일에는 차관 도입과 경제원조를 위해 미국 방문 예정인 송인상 부흥부 장관과 윌리엄 E. 원 경제조정관을 대통령이 접견하였다. 그 후 이임하는 원 경제조정관을 1959년 3월 27일에 접견하였다.

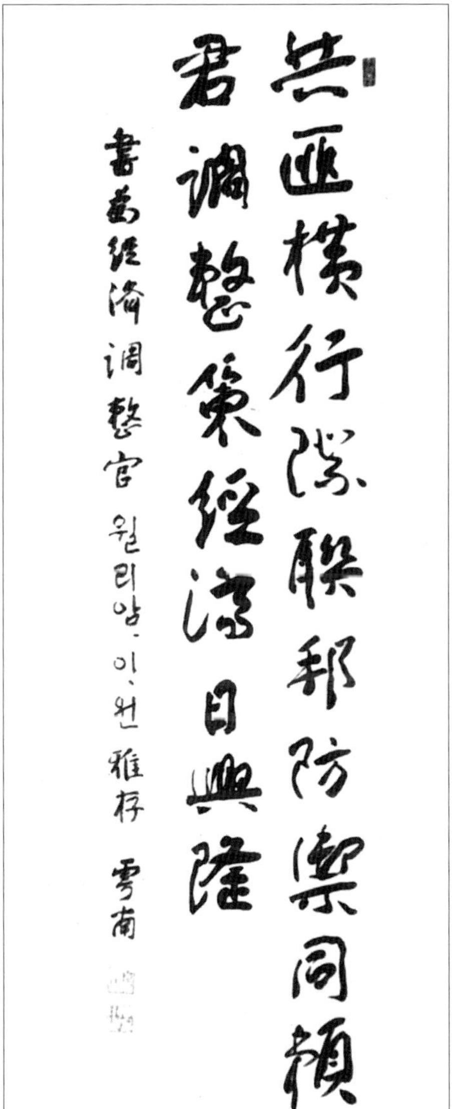

출처: 『雩南李承晩博士書集』

봄날 장난삼아 짓다

어찌하면 꽃과 달로 하여금
그믐도 없고 가을도 없게 할 수 있으려나.
그리하면 꽃과 달은 노상 봄나라요
사람도 백발의 시름 없으리라.[110)]

春日戲題

焉教花與月、無晦又無秋。
花月長春國、人無白髮愁。

110) 창작 시기를 확인할 수 없어서 가장 뒤에 편집하였다.

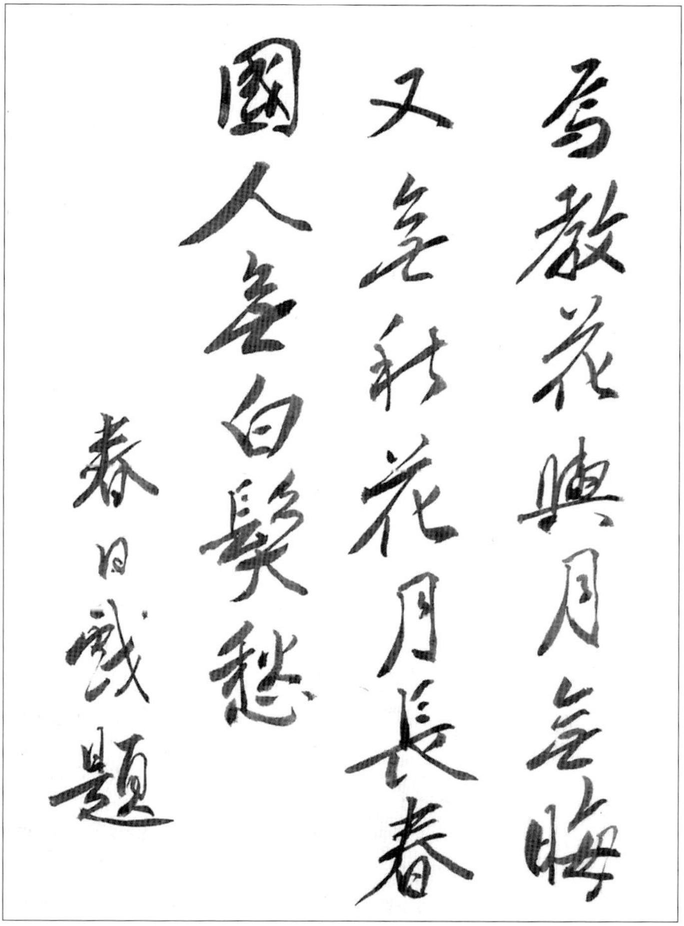

출처: 『雩南李承晩博士書集』

부록 : 다른 사람의 시를 쓴 글씨[111)]

근촌[112)] 인형께

이 몸이 죽고 죽어 일백 번 고쳐죽어
백골이 진토되어 넋이라도 있고 없고
애국하는 일편단심이야 가실 줄이 있으랴
- 정묘년(1927) 7월에 포은 선생의 「백사가(百死歌)」를 써서 주다

死了死了更死了。一百番更死了。
白骨爲塵土、魂魄有也無。
一片愛國丹心、寧有埋沒。
- 歲丁卯七月書圃翁百死歌爲囑芹村仁兄雅鑑

---

111) 편의상 『우남이승만박사서집』에 실린 순으로 편집하였다.

112) 근촌(芹村)은 백관수(1889~1961)의 호다. 이 시는 포은 정몽주의 시조 「단심가(丹心歌)」를 번역하여 "애국(愛國)" 두 글자만 고쳐 써준 것이다.

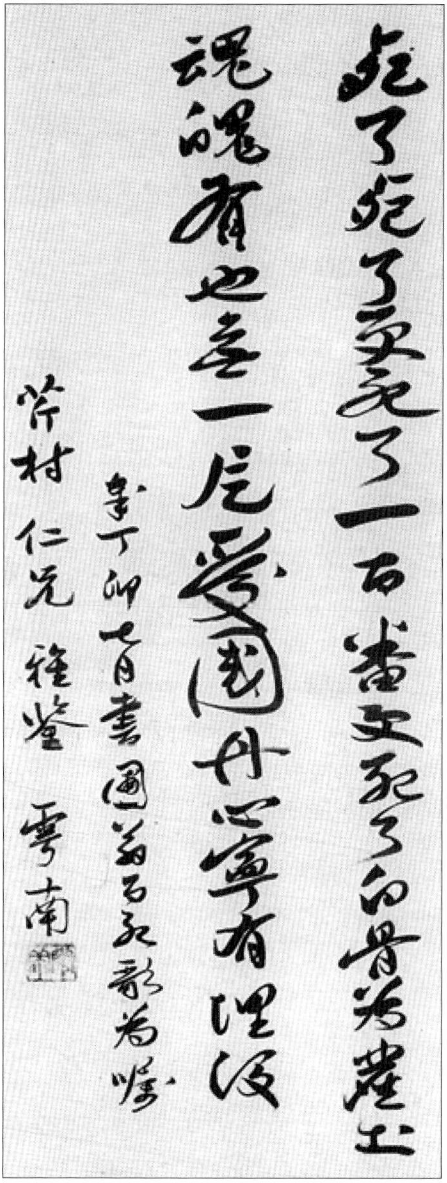

출처: 『雩南李承晩博士書集』

남고[113] 인형께

어수선한 먼지 피해 푸른 구름에 들어왔건만
전차바퀴 기차 소리 멀어도 들려오네.
온갖 생각이 끝 없이 일어나
창 앞에 밤 빛이 다 가는 줄 몰랐네.
- 정묘년(1927) 칠월에 월남 선생의 시 한 절구를 써서 드리다

爲避囂塵入翠雲。電輪汽轍遠猶聞。
無端惹起多般思、不覺窓前夜色分。
- 丁卯七月書月南先生詩一絶爲囑南皐仁兄雅正

---

113) "남고(南皐)"는 오동준(吳東準)의 호다.

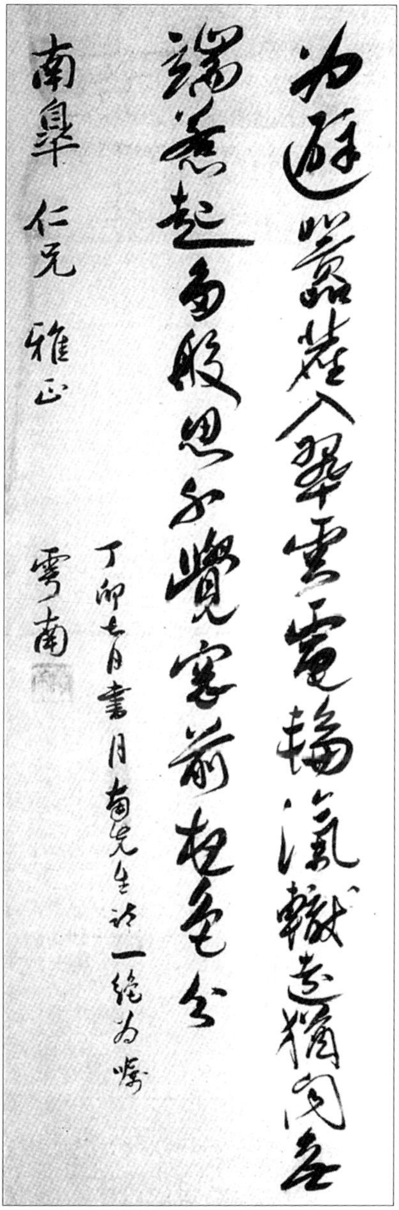

출처: 『雩南李承晚博士書集』

월남 선생 시

온갖 일을 원리 밖에서 찾으려 마소
한마음이 말 없는 가운데 들어 있다오.

故月南先生詩

萬事無求源理外、一心自在不言中。

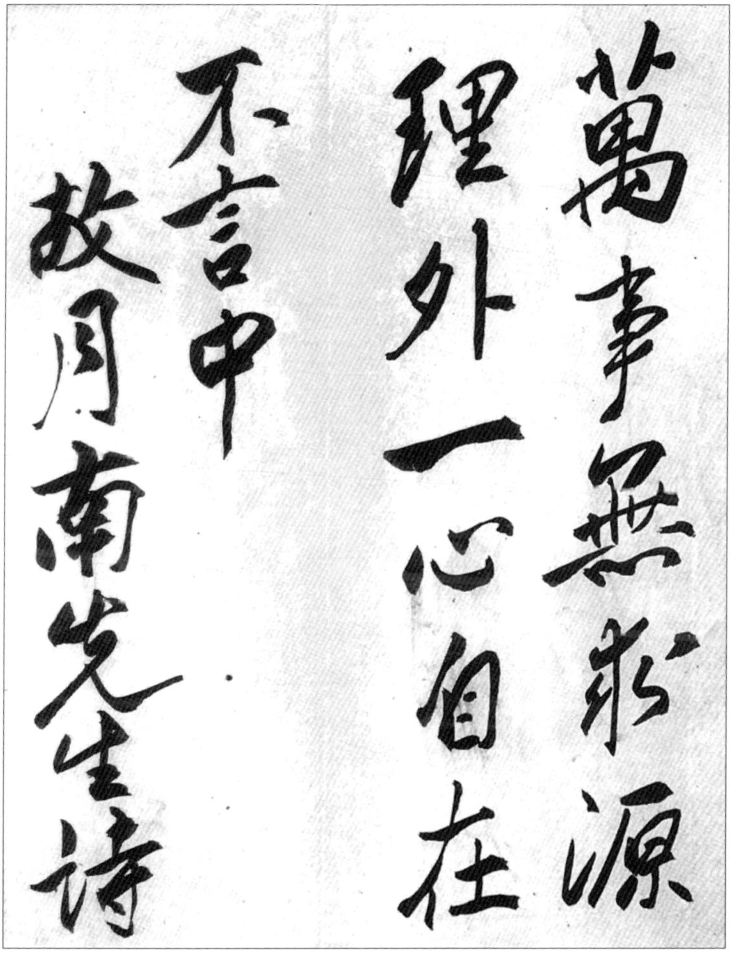

출처: 『雩南李承晚博士書集』

채련곡

계산에 안개 스러지니 산봉우리 아스라해
거울 같은 물에 바람 없어도 물결이 절로 이네.
봄이 지났으니 꽃향기 다했다고 말하지 마소
별다른 중류가 있어 연꽃을 캔다오.[114)]

稽山罷霧鬱嵯峨。鏡水無風也自波。
莫言春度芳菲盡、別有中流採芰荷。

114) 당나라 시인 하지장(賀智章)의 칠언절구 「채련곡(採蓮曲)」인데, 『당음(唐音)』에 실리면서 널리 전해지고, 서당에서 많이 읽었다. 제4구의 "採"는 원문에 "采"로 되어 있는데, 같은 뜻이다.

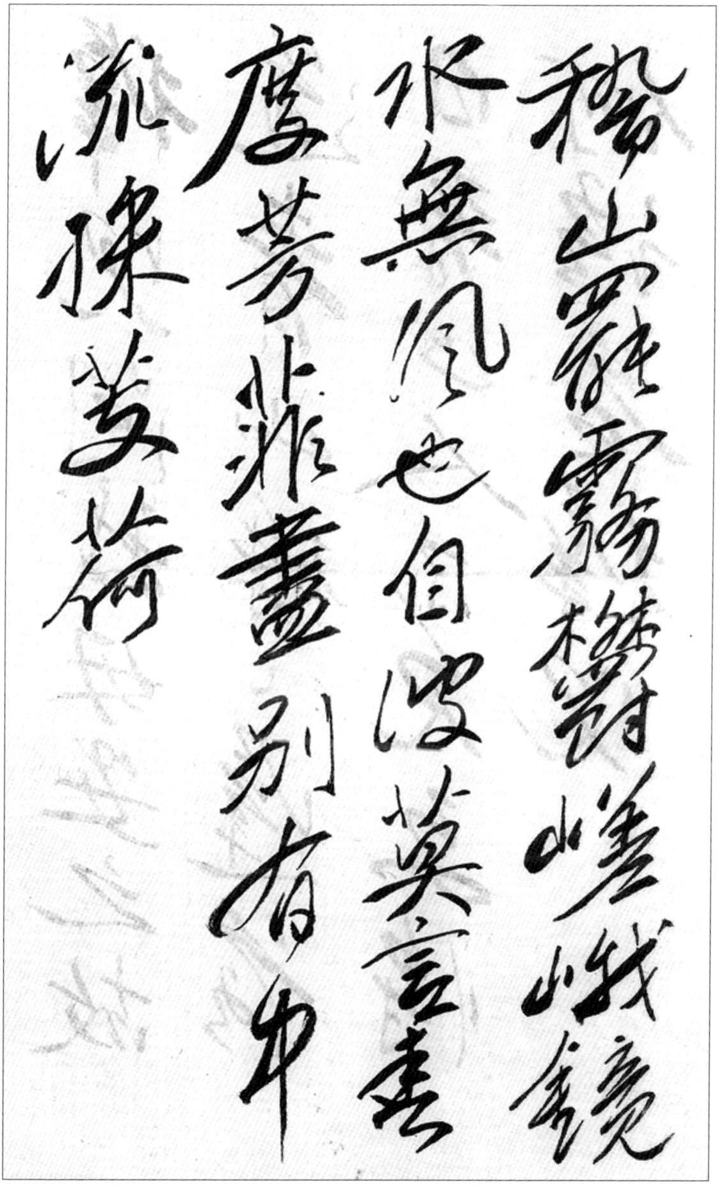

출처: 『雩南李承晩博士書集』

의주에서 심사를 적다[115)]

국경의 달 보며 통곡하고
압록강 바람에 마음 아프구나.
조정의 신하들이여 오늘 뒤에도
차마 다시 서인 동인으로 다투려나.
- 임진왜란 때에 선조대왕이 지은 시

慟哭關山月、傷心鴨水風。
朝臣今日後、忍復各西東。
- 壬亂時宣祖大王御製 雩南

115) 이 시는 조선시대 역대 왕들의 작품을 편집한 『열성어제(列聖御製)』 제7권에 「龍灣書事」라는 제목으로 실려 있는데, "용만(龍彎)"은 선조가 파천해 있던 의주(義州)의 옛이름이다. 『열성어제(列聖御製)』에는 오언율시로 실려 있는데, 앞부분은 다음과 같다.
國事蒼黃日、국사가 창황한 날에
誰能郭李忠。누가 곽자의 이광필처럼 충성하랴.
去邠存大計、빈을 떠남은 큰 계책을 위함이니
恢復仗諸公。회복은 제공들을 믿노라.

출처: 『雩南李承晩博士書集』

(前缺) 移畵裏、其於漁艇笛聲何。

이 구절은 허균(許筠) 당시에 시마(詩魔)가 들린 이현욱(李顯郁)이 이달(李達)에게 화운한 시로 알려져 있다. 허균이 지은 『학산초담(鶴山樵談)』에는 칠언절구 1수가 다 실려 있다.

바람에 몰려 놀란 기러기가 편편한 모래밭에 내려앉으니
물맵시 산빛이 저물녘에 곱구나.
용면(龍眠)[116]에게 이 경치를 그림 폭에 옮기게 하고 싶지만
고깃배의 피리 소리는 어떻게 하나.[117]

風驅驚鴈落平沙。水態山光薄暮多。
欲使龍眠移畫裏、其如漁艇笛聲何。

시집온 지 사흘 만에 부엌에 들어가
손을 씻고 국과 탕을 만드는구나.
시어미 식성을 아직 몰라서
시누에게 먼저 보내어 맛보게 하네.

三日入廚下、洗手作羹湯。

116) 송나라 때 산수화를 잘 그린 화가 이공린(李公麟)의 호인데, 용면산(龍眠山)에 살면서 용면거사(龍眠居士)라 자호하였다.

117) 허경진·최재원 옮김, 『허균전집 1: 학산초담, 태각지, 해동야언별집, 상소문』, (파주: 보고사, 2022), 72쪽.

未諳姑食性、先遣小姑嘗。[118)]

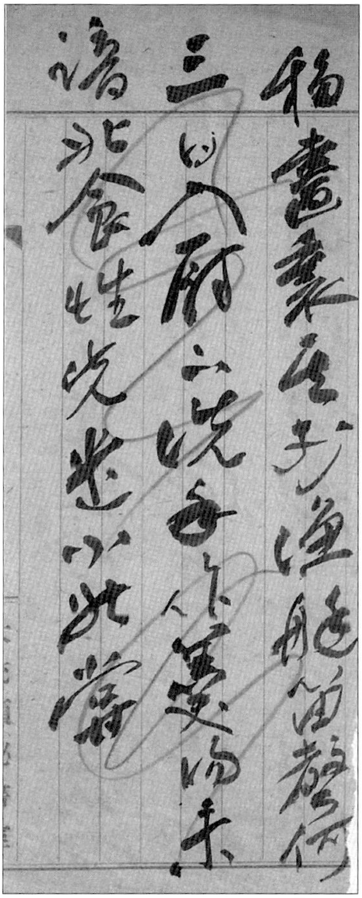

연세대학교 이승만연구원 소장

118) 당나라 시인 왕건(王建)의 시 「새색시(新嫁娘)」를 옮겨 쓴 것이다. 대통령비서실 용지에 쓴 것으로 보아, 건국 이후에 쓴 듯하다. 앞부분 18자가 없어졌기에, 보완해 번역하였다.

부록 : 시 형태의 운문들

바람은 손이 없어도 나무를 흔들고
달은 발이 없어도 하늘을 건너간다

風無手、搖樹木。
月無足、横蒼空。[119)]

만 그루 복사꽃에 이웃집 서넛.

萬樹桃花屋數隣。

---

119) 어린 시절의 이승만은 어머니에게 한시 짓기를 배웠다. 그가 6~7세 무렵에 지은 3언시인데, 추구(推句) 투의 구절이지만, 여러 종류의 『추구』 책을 찾아봐도 보이지 않는다. 바람(風)과 나무(木), 달(月)과 하늘(空)은 잘 들어맞는 글자들이고, 주어를 바람(風)과 달(月)로 맞춘 것도 자연스러운 솜씨이다. 게다가 추구는 모두 5언시인데 그는 3언시로 지었으니 나름대로 창의력을 드러낸 것이다. 이후 그는 그 싯귀를 마음에 새기고 언제나 그런 시를 지으려고 애썼다고 한다. 이 한시는 원문이 전해지지 않고 있으며, 이승만의 영문 자서전에서 영어로 쓴 것을 한문으로 유추한 것이다. "나의 첫 詩想도 어머니가 가르쳐 주었다. 내가 어릴 때에 지은 한 구절의 아동시가 나의 마음속에 얼마나 깊이 새겨졌던지, 그 뒤에 나는 오랫동안 그런 詩를 지으려고 애를 쓰곤 했다.
風無手而搖木(바람은 손이 없어도 뭇 나무를 흔들고)/月無足而行空(달은 발이 없어도 하늘을 건너간다)" 이정식 역주, 「청년 이승만 자서전」, 정진석 · 원영희 · 최정태 편, 『뭉치면 살고: 1898~1944 언론인 이승만의 글모음』, (서울: 朝鮮日報社, 1995), 67~68쪽.
이승만은 자서전 초고를 영어로 썼는데, 이 시는 다음과 같이 적었다.
"The wind has no hands but it shakes all the trees;
The moon has no feet but travels across the sky."

술 즐겨 잔치에 올랐다가 얼굴 붉어져 친구 되니
이름난 정자 숲 건너 녹음과 이웃하리.

好酒登宴紅作友、名亭隔樹綠爲隣。[120)]

---

120) 이승만은 1890년부터 시에 능한 선비 김생원의 가르침 덕분에 시공부에 맛을 들였다. 4년 동안 김생원의 훈도 아래 여름철마다 두보(杜甫)·이백(李白)·왕유(王維) 등 당나라 유명 시인들의 시를 모아놓은 『당음(唐音)』을 비롯하여 고금 시인들의 시를 공부했으며, 꽃철 녹음철에는 스승과 스승의 친구들을 모시고 경치 좋은 곳을 찾아가 시회를 갖기도 하였다. 그는 당시에 지은 즉흥 시구 가운데 "일만 남긔 복사꽃 엳 / 서너 가호 이웃집," "술 즐겨 베푼 자리 / 붉어오른 얼굴엔 / 고운 정자 푸른 녹음 / 이웃을 하리" 등의 구절을 해방 후까지도 기억하고 있었다. 徐廷柱, 『雩南 李承晩傳』, 82~87쪽.

압록강과 두만강을
힘을 다하여[121] 완전히 찾으리라.
- 병신년(1956) 설날에 우남

鴨綠豆滿、唾手完還。
- 丙申元旦雩南

121) 원문의 "타수(唾手)"는 손에 침을 바르는 것이니, 힘을 다한다는 뜻이다. 동파(東坡) 소식(蘇軾)의 시 「장관뇌승득과자대작(將官雷勝得過字代作)」에 "한 쌍의 철사전 쏘기 전에, 먼저 손에다 침부터 바르네.[一雙鐵絲箭 未發手先唾]"라는 구절이 나온다.

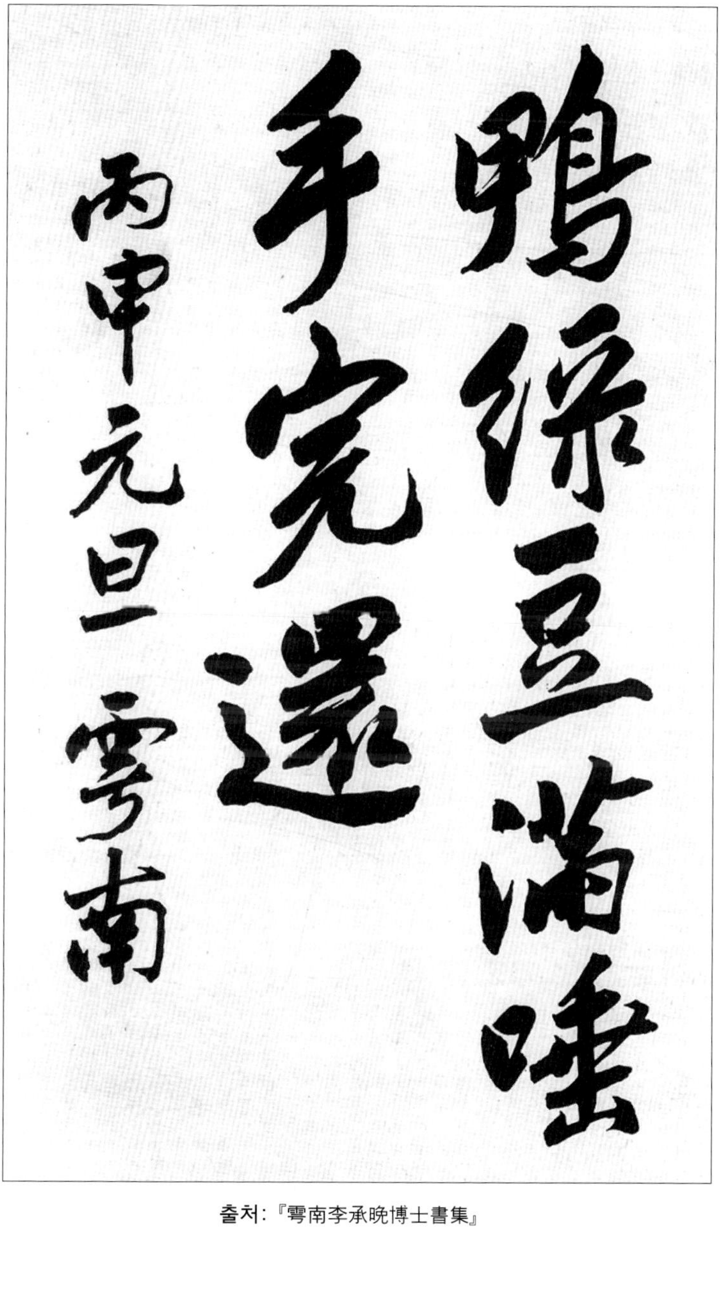

출처:『雩南李承晩博士書集』

백제와 신라 상전벽해의 땅에
화엄(華嚴)이 예와 같이 큰 강으로 흘러가네.
- 병신년(1956) 단오절에 내외 여러 친우들과 함께 화엄사를 방문하여, 우남[122)]

百濟新羅桑海地、華嚴依舊大江流。
- 丙申端陽節, 與內外諸友來訪 雩南

122) 1956년 6월 15일 화엄사에서 기념 촬영한 사진과 6월 16일 화엄사에서 돌아오는 길에 "아름다운 강산을 지키자"라고 연설한 기록이 남아 있다.

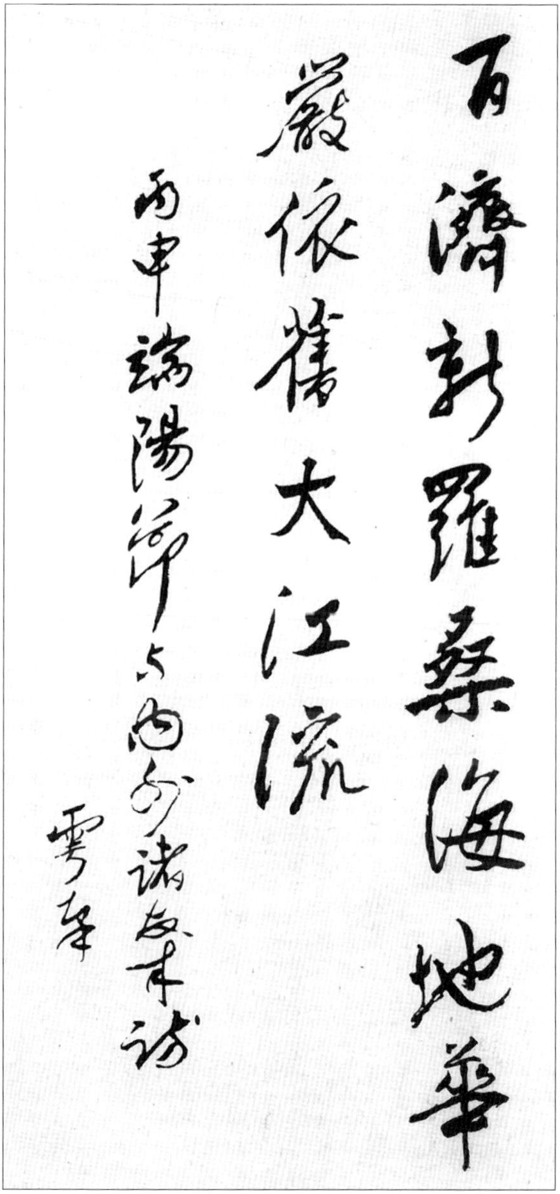

출처: 『雩南李承晩博士書集』

내실이 없는 말은 빈 껍질이니
마음이 공(公)을 위해야 바르게 되네.
- 정유년(1957) 설날에 우남

言無實則虛、心爲公則正。
- 丁酉元旦 雩南

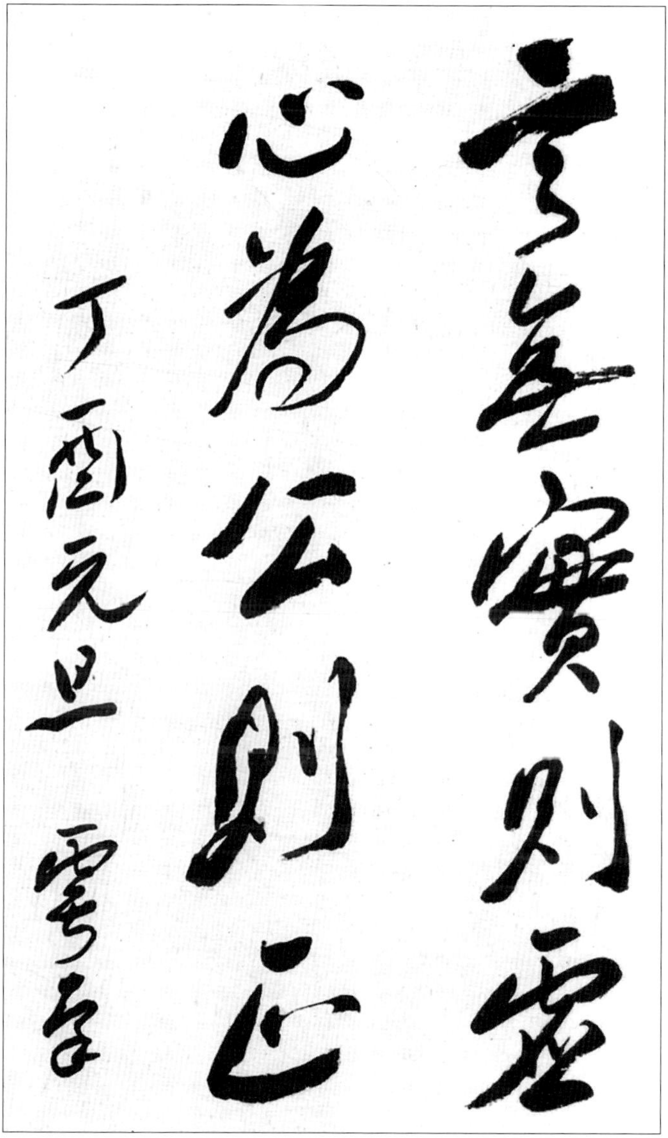

출처:『雩南李承晚博士書集』

비장(飛將)[123]이 하늘로부터 내려오니

적군이 바람만 보고도 쓰러졌네.

- 로렌스 에스 큐터 장군을 위해 쓰다. 이승만[124]

飛將從天而下、賊軍望風而靡。

- 書爲로렌스 에스 큐터將軍雅存 李承晩

123) 흉노(匈奴)들이 한(漢)나라 장군 이광(李廣)을 부른 칭호로, 『사기(史記)』 권109 「이장군열전(李將軍列傳)」에 "이광이 우북평(右北平)에 있자 흉노들이 이를 듣고는 '한 나라의 비장군(飛將軍)'이라고 부르면서 몇 년 동안을 피하면서 감히 우북평으로 들어오지 못하였다." 하였다. 여기에서는 큐터 장군이 비행사(飛行士)였기에 비장(飛將)이라고 하였다.

124) 1957년 5월 9일에 미국 태평양지구 공군사령관인 큐터(Laurence S. Kuter) 대장에게 태극훈장을 수여하면서 써준 글씨이다.

출처: 『雩南李承晩博士書集』

천하의 정치를 논하여
천하의 민중을 평안케 한다.
- 정유년(1957) 초여름에 『정론주간(政論週刊)』을 축하하며 이승만(李承晚)

論天下之政、安天下之民。
- 丁酉初夏, 祝政論週刊, 李承晚

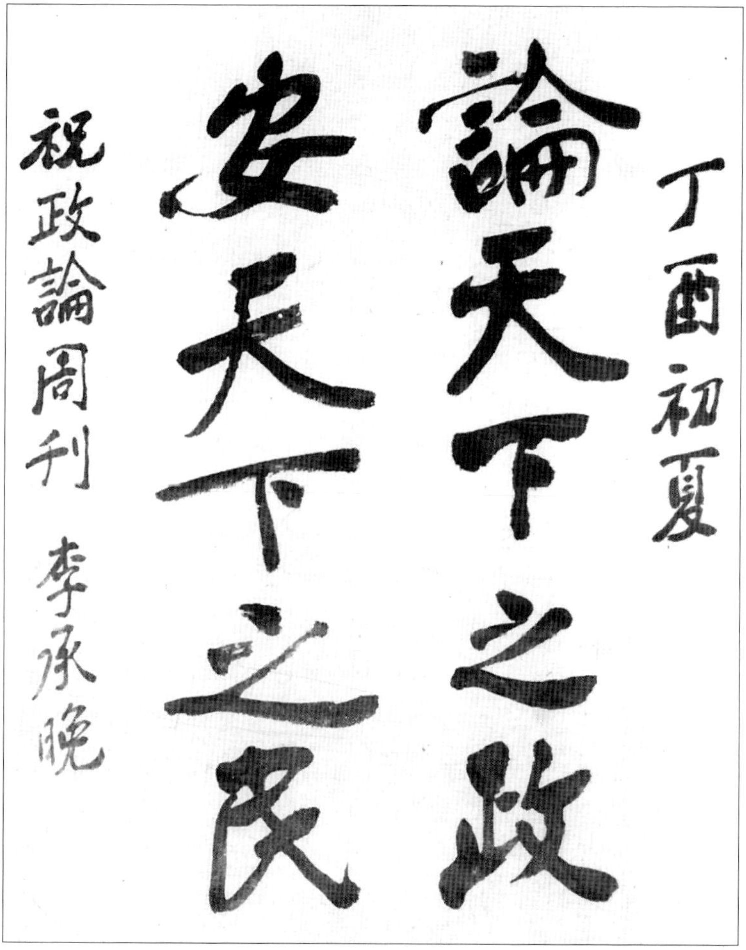

출처: 『雩南李承晚博士書集』

어질고 의로운 군대가 향하는 곳에

대적할 자가 없다.

- 엘. 엘. 렘니처[125] 장군을 위하여 쓰다. 이승만

仁義之軍、所向無敵。

- 書爲엘. 엘. 렘닛써將軍雅存 李承晩

125) 라이맨 루이스 렘니처(Lyman Louis Lemnitzer, 1899~1988) 장군은 웨스트포인트 육군사관학교를 졸업한 후 49년 동안 나토 군사령관, 미 육군참모총장, 합참의장 등을 역임하였다. 한국전쟁 중인 1951년에 미 7사단장으로 참전, 휴전 후 주한 유엔군사령관을 지냈다. 1957년 7월 7일에 임기를 마치고 한국을 떠나, 미국 육군 참모차장으로 전임하였다. 환송식에서 금성태극무공훈장을 수여하였다.

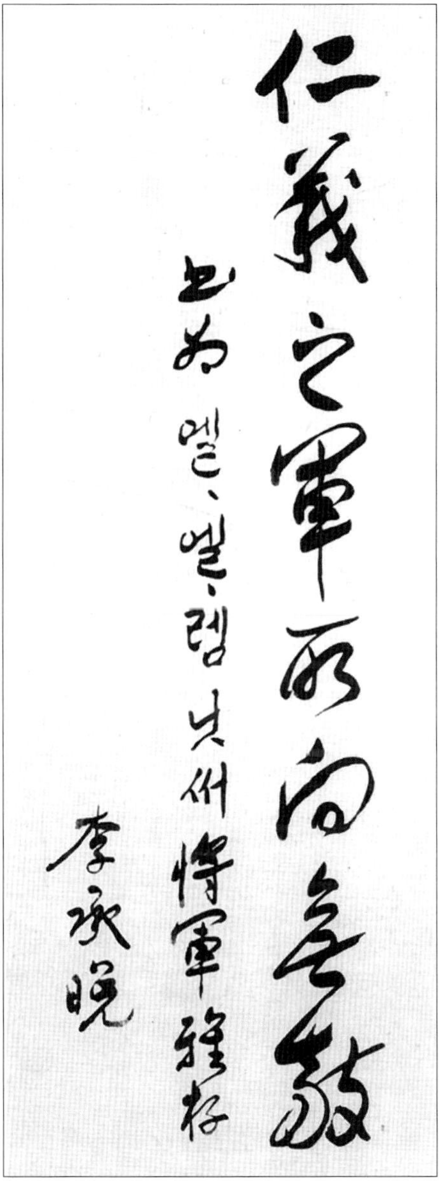

출처: 『雩南李承晩博士書集』

천하를 위해 일하는 자는 집안을 돌아보지 않고
대의를 중하게 여기는 자는 자기 몸을 돌아보지 않는다.
- 로스코 에프 굳 제독을 위하여 쓰다.[126] 이승만

爲天下者不顧家、重大義者不顧身。
- 書爲로스코 에프 쑤드 提督雅存 李承晩

126) 1957년 12월 5일에 미국 극동 해군사령관 굳(Roscoe F. Good) 제독에게 훈장을 수여하면서 써 주었다.

출처: 『雩南李承晩博士書集』

비바람 부는 어려운 시대에
나라를 위해 언론을 창달하다.
-『조선일보』 창간 40주년을 위해 쓰다.[127] 우남

風雨飄零之際、爲國言論暢達。
- 書爲朝鮮日報創刊四十週年 雩南

127) 『조선일보』 창간 40주년이 되는 날은 1960년 3월 5일이다.

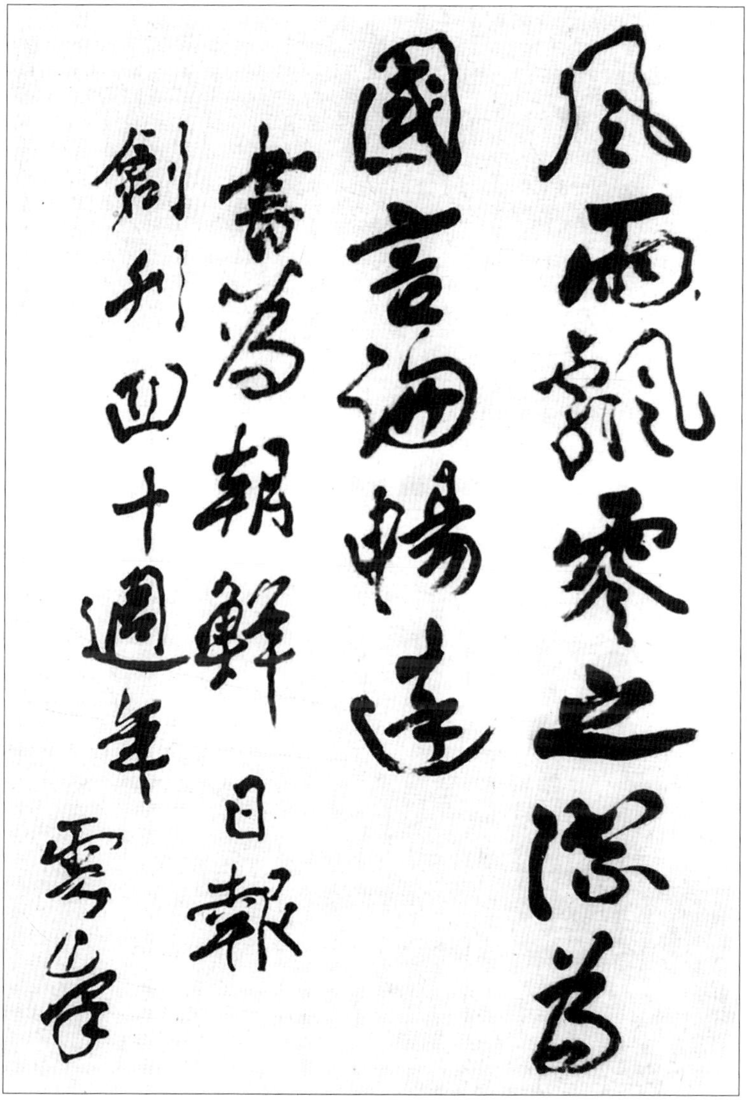

출처: 『雩南李承晩博士書集』

자유를 보호하는

의로운 군대는 반드시 승리한다.

- 유엔군 총사령관 카터 비 매그루더 대장에게 써 주다.[128] 이승만

保護自由、義軍必勝。

- 書爲유엔軍總司令官 카터 쎄 매구루더大將存 李承晩

128) 매그루더(Carter B. Magruder, 1900~1988) 대장은 4·19혁명으로 정권이 교체되고 5·16이 일어나던 1961년 5월까지 주한유엔군 총사령관으로 재임하다가 다음 달에 멜로이(Guy S. Meloy Jr.) 대장으로 교체되었다.

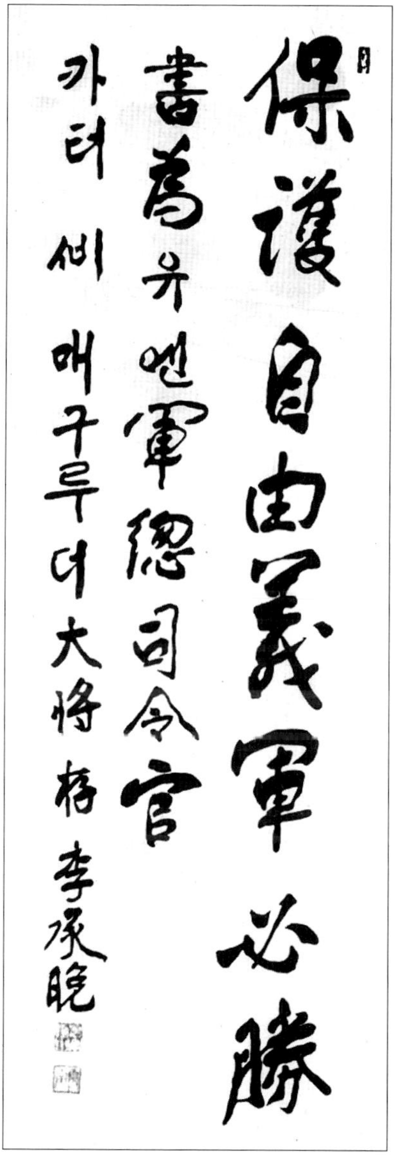

출처: 『雩南李承晩博士書集』

가지는 일만이어도 뿌리는 같아

가지는 일만이어도 뿌리는 같고
백 갈래 물도 근원은 하나일세.
조상을 높이고 집안을 받들며
어버이를 사랑하고 일족이 화목하라.
노인을 공경하고 어린이를 보살피며
사악한 것을 물리치고 바른 것을 지키라.
한결같이 이 뜻을 따라
길이길이 변함 없거라.

萬枝同根。百派一源。
尊祖崇宗、愛親睦族。
敬老慈幼、斥邪護正。
一意循此、永無或替。 이회림(李會林) 소장.

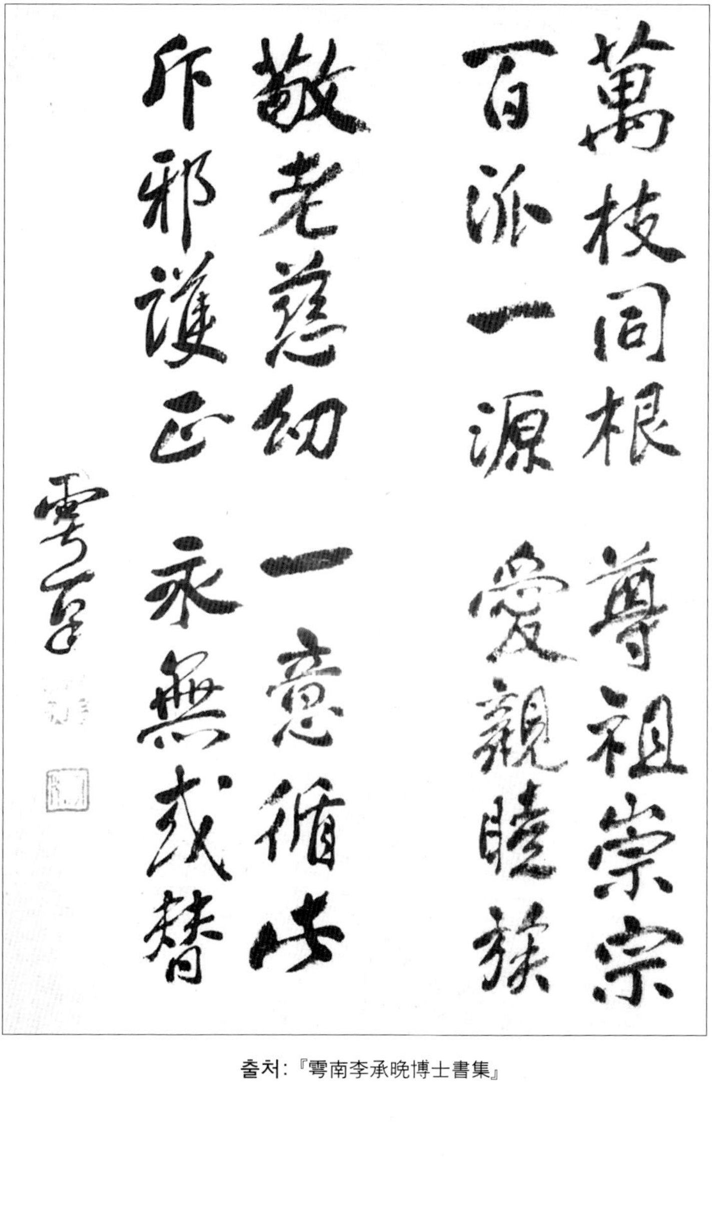

출처: 『雩南李承晩博士書集』

해제

이승만의 작시 활동과 한시의 세계

허경진

우남(雩南) 이승만(李承晩, 1875~1965)은 타고난 시인이 아니라 정치인이었지만, 젊은 시절부터 노년에 이르기까지 많은 한시를 지었다. 이승만의 작시(作詩) 활동을 이해하려면 조선시대 사람들이 문학작품을 향유한 방법과 그 이유를 알아야 한다.

조선시대 사람들은 문학을 일상생활에서 즐겼는데, 일부 예외는 있지만 대개 신분이나 직업에 따라 한문학(漢文學), 국문문학(國文文學), 구비문학(口碑文學)의 세 가지 형태로 문학을 향유하였다. 이승만은 이 세 가지 형태의 문학을 다 즐겨 다양한 작품을 남겼는데, 양반의 후예답게 잠시나마 한문학을 체계적으로 공부하였으며, 한문으로 편지를 쓰고 한시를 지었다.

양반이라면 으레 한시를 지을 줄 알았으며, 편지도 한문으로 쓰고, 일기

* 이 해제는 2019년 6월 18일 정동제일교회 아펜젤러홀에서 열린 「이승만 초기 저작의 검토 학술대회」에서 발표한 글 「우남 이승만의 작시 활동과 한시세계」를 바탕으로 하고 이 책의 편집 취지에 맞게 수정 보완하였다. 필요에 따라 《우남 이승만 전집》 제5권 『체역집(替役集)』에 실린 해제와 일부 겹치기도 한다.

도 한문으로 썼다. 의사소통을 한문으로 한 것이다. 한시를 제대로 지으려면 오랜 시간에 걸쳐 공부해야 했으므로 서민들은 한시를 배우기가 힘들었고, 대부분은 양반들이 한시를 지었다. 종이, 붓, 먹, 벼루의 문방사우(文房四友)를 갖추고 자리에 앉아 있어야 시를 썼으므로, 경제적인 여유뿐만 아니라 시간적인 여유도 있어야만 한시를 지을 수 있었다.

I. 과거제도와 이승만의 한시 공부

이승만은 타고난 시인은 아니다. 그런데도 그가 많은 시를 짓게 된 까닭은 조선시대 문화사와 관련이 있다.

조선시대 양반들은 관직과 학문, 농업 이외에 특별히 선택할 만한 직업이 없었다. 사 · 농 · 공 · 상(士農工商)이 직업일 뿐만 아니라 신분이기도 했으므로, 선비가 관직을 얻지 못했다고 해서 공업이나 상업에 종사할 수는 없었다. 관원이 되건 학자가 되건 한문(漢文)을 배워야 했으며, 관직을 얻기 전의 젊은 양반 자제들은 특별한 일이 없으면 대개 하루 종일 독서하고 글을 지었다. 문과의 시험과목은 생원시와 진사시 1차부터 문과 3차까지 모두 글쓰기 과목이었다.

조선시대 문과 합격자들이 급제할 때까지 공부한 기간은 적어도 25년 내지 30년이 걸렸으니[129], 대부분의 청년들은 이 동안 한문으로 된 책을 읽고 한문으로 글을 지었으며, 지식인이라면 으레 한시를 배우고 지었다. 과거제도의 1차시험인 진사시가 한시(漢詩) 짓기였기 때문이다.

진사시는 부(賦) 1편과 고시(古詩) · 명(銘) · 잠(箴) 가운데 1편을 시험하

---

129) 金泳謨, 『朝鮮 支配層 研究』, (서울: 一潮閣, 1986), 505쪽.

다가, 1746년(영조 22) 4월에 반포된 『속대전(續大典)』에서 진사시의 고시 과목이 부(賦) 1편과 고시(古詩) 1편으로 축소되었다. 과시(科詩)는 대개 36구 안팎의 형식에 따라 지었다.

이승만이 응시하던 19세기의 과시는 고시문(古詩文) 가운데 한 구절을 제목으로 삼고, 제목 가운데 한 글자를 운자(韻字)로 삼아, 제4연(鋪頭)에 그 글자를 압운자로 사용하면서, 7언 18운을 마지막 구절까지 같은 운자로 짓는 정식(程式)의 행시(行詩)였다. 2구씩 한 짝이 세 개가 모여 한 단락을 이루며, 모두 18개의 짝, 즉 여섯 개의 단락으로 구성되는 운문이다.

조선시대 문인들은 대개 5세에 서당에 입학하여 『천자문(千字文)』을 배우면서 학업을 시작하였다. 이승만은 어머니에게서 배운 『천자문』을 6세 때에 모두 암송하여 주위를 놀라게 하였다.[130)]

한시가 되려면 글자 수와 운(韻)을 맞춰야 한다. 오언절구에는 둘째 구와 넷째 구 끝자리에다 같은 운에 속하는 글자들을 써서 운을 맞췄고, 칠언절구에는 첫째, 둘째, 넷째 구의 끝자리에다 운을 맞춰 썼다. 『천자문』도 네 글자씩 구절을 나누고 운을 맞춰 지었다. 그렇게 천 글자가 모여 한 편의 시가 된 것이다. 이 책을 통해 자연 · 인간 · 사회를 다 가르치려고 각 분야의 글자들을 뽑았기 때문에 시의 의미 전개가 몇 단락으로 나눠졌을 뿐이다. 이에 따라 운도 바꿔 썼다. 어려운 집 아이들은 『천자문』만 배우고도 다방면의 지식을 얻을 수 있었다.[131)]

아이들이 천자문을 마치면 『추구(推句)』를 배웠는데, 이 책 역시 시 형태로 엮어졌다. 『천자문』과 달리 오언(五言)으로 되어 있으며, 두 구절 또는

---

130) 이정식 역주, 「청년 이승만 자서전」, 정진석 · 원영희 · 최정태 편, 『뭉치면 살고: 1898~1944 언론인 이승만의 글모음』, (서울: 朝鮮日報社, 1995), 67쪽.

131) 허경진, 『옛 선비들이 어릴 적 지은 한시 이야기』, (서울: 알마, 2014), 17~18쪽.

네 구절로 된 대구(對句)들을 모았다. 누가 처음 엮었는지 알 수 없지만, 여러 형태의 필사본으로 전하는 것을 보면 필사하는 사람, 또는 서당 훈장의 취향에 따라 좋은 구절들을 뽑아 엮은 듯하다. 뽑아 엮었기에 책 이름을 '추천할 추(推)'가 아닌 '뽑을 추(抽)'를 써서 『추구(抽句)』라고도 한다.

> 달이 뜨는 건 하늘이 눈을 떠서고요
> 산이 높은 건 땅이 머리를 들어서래요.
> 月出天開眼 山高地擧頭

> 발이 없어도 뱀은 잘 달리는데
> 입이 있어도 새는 말을 못하네요.
> 無足蛇能走 有口鳥未言

달과 산, 하늘과 땅, 눈과 머리, 발과 입, 뱀과 새는 아이들이 흔히 보는 것들이며, 『천자문』에 나오는 글자들이다. 비슷한 현상을 찾아내어 같은 어법으로 표현했는데, 주어와 술어가 모두 짝을 이뤄 한시의 틀에 맞췄다.

어린 이승만은 어머니에게 한시 짓기를 배웠다. 그가 6~7세 무렵에 지은 삼언시

> 바람은 손이 없어도 나무를 흔들고
> 달은 발이 없어도 하늘을 건너간다
> 風無手 搖樹木 月無足 橫蒼空.

는 추구(推句) 투의 구절이지만, 여러 종류의 추구를 찾아봐도 보이지 않는다. 바람(風)과 나무(木), 달(月)과 하늘(空)은 잘 어울리는 글자들이고, 주어

를 바람(風)과 달(月)로 맞춘 것도 자연스러운 솜씨이다. 게다가 추구는 모두 5언시인데 이승만은 삼언시로 지었으니 나름대로 창의력을 드러낸 것이다. 이후 이승만은 그 싯귀를 마음에 새기고 언제나 그런 시를 지으려고 애썼다고 한다.[132)]

한 인물의 인생관을 형성하는 10세부터 20세 무렵까지 이승만은 양녕대군(讓寧大君)의 봉사손 이근수(李根秀)가 가내에 세운 도동서당(桃洞書堂)에서 한학을 수련하였다. 항렬상 이승만의 조카뻘 되는 이근수는 1864년 문과에 급제하여 사헌부대사헌, 사간원대사간, 장예원경, 시종원경 등 고위직을 지내고, 을사조약 후 조약의 무효화와 을사오적의 처단을 요구하는 항일상소를 올렸던 인물이다.[133)] 이승만은 남산 서쪽 기슭의 우수현(雩守峴) 일대에 거주하는 일가들의 인도로 이근수의 서당에 다니며 그의 자손들과 함께 공부를 하였다. 이러한 인연으로 우남(雩南)이라는 호도 만들어졌다.

이승만은 적어도 3명의 선생으로부터 한학을 배웠다. 먼저, 수원유림 이승설(李承卨)에게서 경전(經傳)과 시부(詩賦)의 가르침을 받았다. 이승설은 포의의 선비에 불과했으나 나름대로 학식이 넉넉하고 성격이 너그러운 인물이었다. 다음, 부친의 친우인 청원 출신의 신면휴(申冕休)에게서 가르침을 얻었다. 신면휴는 이승만의 친우이자 그를 배재학당으로 인도한 신응우(申膺雨)·신긍우(申肯雨)·신흥우(申興雨) 3형제의 부친이었다.[134)] 이들 양인에게 이승만은 유학의 기초를 다지는 기회를 얻었다. 1890년 이후부터 이승만을 가르친 김생원은 문장과 경사보다는 시와 풍류에 능한 인물이었

132) 이정식 역주, 「청년 이승만 자서전」, 67~68쪽.

133) 『일성록』, 1905년 11월 1일.

134) 신면휴는 이승만의 옥중학당 개설을 기록한 글에서 "이승만군은 아동 시부터 나에게 배운 자이다"라고 회고했다. 全澤鳧, 『人間 申興雨』, (서울: 大韓基督敎書會, 1971), [부록], 「옥중개학전말」, 19~20, 61, 401쪽.

다.[135] 특히 김생원은 이승만에게 한시의 묘미를 전수한 한시 선생이었다. 이처럼 여러 선생들을 통하여 이승만은 유교지식인이 갖춰야할 지식과 소양을 닦아나갔다.

이승만은 부친의 소원대로 불철주야 과거 위주의 실용적인 유학공부에 매달렸다. 12세쯤에 『통감절요(通鑑節要)』 15권을 마친 후 『맹자(孟子)』·『논어(論語)』·『중용(中庸)』·『대학(大學)』 등 사서(四書)를 다시 반복해서 공부하였다. 이어 18세 이전까지 『시전(詩傳)』·『서전(書傳)』·『주역(周易)』 등 삼경(三經)을 모두 떼었다.[136] 이승만의 유가경전 공부는 상급의 수준에 도달해 있었다. 이외에도 이승만이 지은 시에는 『당음(唐音)』·『고문진보(古文眞寶)』 등의 문학서는 물론, 『사기(史記)』·『한서(漢書)』·『장자(莊子)』·『열자(列子)』 등 역사서와 제자백가서가 두루 인용되어 있다.

그는 6~7인의 동료들과 함께 전통적인 서당교육방식에 따라 한학을 연마하였다. 봄과 여름에는 당·송(唐宋)의 시문을 읽고 시부와 과문(科文)을 작성하고, 가을과 겨울에는 경사(經史)와 고문(古文)을 독해하고 암송하는 것으로 일과를 삼았다.[137] 여름에 시부와 과문을 작성했다는 점은 통상적인 서당 공부의 방법이기도 했다. 여름에는 서당이 더웠으므로 시원한 시냇가나 나무그늘로 가서 글짓기를 했다.

이승만은 과거의 1차 관문인 생원·진사시를 통과하기 위해 경서공부,

---

135) 徐廷柱, 『雩南 李承晚傳』, (서울: 華山문화기획, 1995), 67, 82~83쪽.

136) 徐廷柱, 『雩南 李承晚傳』, 70, 87쪽. 서당 선배 신긍우 형제들의 권고로 『삼국지(三國志)』를 처음 접한 이승만은 이를 단숨에 읽어 치운 다음에 『수호전(水滸傳)』·『서상기(西廂記)』·『전등신화(剪燈新話)』 등 중국 고전소설을 연이어 독파하였다. 그는 부모들이 금하는 『서상기』를 청지기 최응원의 방에 가서 숨어서 읽었을 정도로 열성을 보였다.

137) 이승만이 이근수를 위해 집필한 「합장묘지문」(1956); 고정휴, 「개화기 이승만의 사상형성과 활동」, 『역사학보』 109, 1986, 27쪽에서 재인용.

서도수련, 시부연습을 동시에 해나갔다. 이 세 방면 가운데서 이승만은 경서 분야에서는 별다른 흥취를 보이지 못했던 반면 서예와 시짓기 분야에서는 재능을 발휘하였다. 이렇게 일찍부터 두각을 나타낸 서예와 시짓기는 이승만의 평생취미가 되었다.

이승만은 시부 능력을 높이기 위해 각고의 노력을 쏟았던 것으로 보인다. 어린 나이에 참신한 댓구를 지을 만큼 시짓기에 재능을 보였던 이승만은 한학 수학기간 동안 꾸준히 시공부를 하다가, 16세부터 김생원의 가르침 덕분에 시공부에 맛을 들이게 되었다. 이후 그는 4년 동안 김생원의 훈도를 받으며 여름방학 철마다 두보(杜甫), 이백(李白), 왕유(王維) 등 당나라 유명 시인들의 우수시를 모아놓은 『당음』을 비롯하여 고금 시인들의 시를 공부하였다. 나아가 꽃철과 녹음철이 돌아오면 스승과 스승의 친구들을 모시고 승경처를 찾아가 시회를 갖기도 하였다.

그는 당시에 지은 즉흥 시구 중에서 "온갖 나무 복사꽃에 서너 가호 이웃집," "술 즐겨 베푼 자리 붉어오른 얼굴엔 / 고운 정자 푸른 녹음 이웃하리" 등의 구절을 해방 후까지도 기억하고 있었다.[138] 한편으로는 시를 지으면서, 한편으로는 1893~1894년 겨울 내내 도동서당 근처의 남묘(南廟)에서 『시전』 10권을 반복해서 외울 정도로 시 공부에 전념하였다.[139]

이승만에게 시공부는 연이은 낙방의 시름을 덜어줄 방법이었다. 부친 이경선(李敬善)은 재능있는 외아들 이승만을 관리로 만들어 집안을 부흥시키기를 염원하고 있었지만, 부패한 과거상, 한미한 가문 등으로 이승만은 과거시험에 합격할 수가 없었다. 이를 위해 시부(詩賦) 능력을 높이는 것이 그

138) 萬樹桃花屋數隣; 好酒登宴紅作友 名亭隔樹綠爲隣. 徐廷柱, 『雩南 李承晚傳』, 82~87쪽.

139) 『大統領 李承晚博士 談話集 第2輯』, 「배재학당 창립 70주년 기념식에 참석하여」 (1955.6.8.), (서울: 公報室, 1956), 257쪽.

와 같은 처지의 사람에게는 생존이 달린 문제였다. 과거공부를 하느라고 배웠던 한시 작법을 활용하여 그는 평생 많은 한시를 지었다.

Ⅱ. 창작 공간을 통해 본 이승만 한시의 특성

이승만이 지은 한시는 크게 세 개의 공간에서 지어졌다. 첫째는 대한제국 시기의 감옥, 둘째는 국권 찬탈 이후의 망명지, 셋째는 광복 이후의 조국이다. 이 세 개의 공간은 이승만의 정치와도 연관이 된다. 이 가운데 감옥에서 지은 시는 대부분 『체역집(替役集)』으로 편집되어, 필자가 원문을 입력하고 번역하여 2021년《우남 이승만 전집》제5권 『체역집』으로 번역 간행하였다. 이번에 나머지 시의 원문을 입력하고 번역하여 『한시집: 체역집에 실리지 않은 시』라는 제목으로 간행한다.

1. 징역의 공간, 감옥

이승만은 독립협회운동이 실패한 다음 1899년 1월 고종폐립음모(高宗廢立陰謀)에 연루되어 투옥되었다. 이때부터 1904년 8월까지 5년 7개월간 한성감옥서에서 수감생활을 하였다. 그는 감옥 안에서도 여러 가지 활동을 하였는데, 문학과 관련하여 특기할 만한 것은 옥중서당의 개설과 운영, 『신영한사전』의 집필, 『제국신문』 논설 집필, 한시 짓기 등이다. 이 가운데 죄수들이 잠들지 못하는 밤의 지루함과 무료함을 달래준 것이 바로 한시 짓기였다.

그는 감옥이라는 단절된 공간을 문학 창작의 공간으로 넓히면서 상상력을 통하여 외부와 소통하고, 시간적으로는 고금(古今)과 소통하였다.

한시는 혼자 짓기도 하지만, 두 사람 이상이 함께 짓는 경우가 많다. 두 사람이 함께 앉아서 같은 운자로 주고받으며 짓는 경우에는 제목에 차운(次韻)이라는 글자가 들어가고, 멀리서 지어보낼 때에는 '기(寄)'자라든가 '증(贈)'자가 들어간다. 여러 명이 시사(詩社)를 결성하여 주기적으로 모여서 시를 짓는 경우도 많은데, 시사는 동인(同人) 성격이므로 정치색을 띠는 경우도 있다.

이승만은 반정부운동을 하다가 투옥된 국사범들과 함께 감옥 안에서 시를 지었다. 『체역집』에 수록된 시에 나타난 이승만의 시동인들은 전 시종 백허(白虛) 이유형(李裕馨)[140], 내부협판 유성준(兪星濬)[141], 정위 임병길(林炳吉)[142], 법무협판 이기동(李基東), 윤춘경(尹春景), 경무관보 김세진(金世鎭)[143], 유진구(兪鎭九)[144], 정백남(鄭白南) 등이었다. 이 가운데 이승만과 시로 대작할 만한 실력을 지닌 이는 이유형이었다. 이승만은 자신의 자서전에서 시동인 가운데 이유형을 특별히 언급했는데,[145] 시를 통해 심회를 나눈 가장 절친한 옥중친구가 이유형이었음을 의미한다.

효자였던 이승만은 아버지가 보내준 편지를 받아보고 어버이를 위로하

140) 이유형은 1894년 동학농민운동 때에 노성(魯城) 등지에서 유림을 규합하여 각목을 가지고 동학도를 방비할 때에 자신의 군사를 '군자군(君子軍)'이라 칭한 것은 황탄한 행위였다는 이유로 투옥된 인물이다. 『[舊韓國]官報』, 1900년 9월 19일.

141) 1902년 개혁당사건으로 투옥된 인물이다.

142) 대신가에 폭탄을 투척하고 선혜청에 방화했다가 1899년 6월에 체포되어 1902년에 처형된 인물이다.

143) 진주부(晉州府)의 공금 횡령 사건으로 투옥된 인물이다.

144) 친로파 김홍륙(金鴻陸)을 칼로 찌른 사건으로 1898년 2월에 체포되어 3월에 종신징역형에 처해진 인물이다. 『일성록』, 1898년 3월 19일; 『고종실록』, 1898년 4월 9일.

145) 이승만은 "시인이며 학자인 이유형. 우리는 시를 짓기 시작했다"라고 적었다. 이정식 역주, 「청년 이승만 자서전」, 80쪽.

는 시를 지어 보냈다. “봄소식 머지 않다”는 구절을 통해서 어버이에게 희망을 전해주는 표현이 간결하면서도 함축적이다. 이런 시를 통하여, 감옥 안에 갇혀 있던 공간이 외부로 확장되었다.

어버이를 위로하며

두어 장 편지 속에 붓이 두 자루
편지를 받자마자 은혜에 눈물이 앞섭니다.
성정(性情) 함양하라는 가르침 어기고 바칠 술도 없으니
장수하시길 비는 정성으로 시를 지어 올립니다.
옥에 갇혔어도 죄 가벼운 줄 하늘이 아십니다.
임금 섬기는 의리 중하니 효도를 다하기 어렵습니다.
올해는 색동옷 입고 모시지 못하지만
봄소식 머지 않으니 다행입니다.

慰親

數幅箋中筆二枝。感恩有淚奉書時。
養情違訓供無酒、獻壽乏誠頌以詩。
繫獄罪輕天有鑑、報君義重孝難思。
今年縱未斑衣侍、惟幸陽春在不遲。

조선시대 감옥은 죄수에게 형벌을 선고하기 전까지 심문하기 위해서 일시적으로 가둬두던 곳이었다. 유배라든가 태형의 선고가 내려지면 형벌이 집행되면서 감옥을 떠났다. 그러나 대한제국 시대의 감옥은 징역을 살던 곳이어서, 몇 년씩 징역을 사는 것 자체가 형벌이었다. 그가 징역을 사는 모습은 『체역집』 마지막 장에 가서야 보인다.

그는 시고(詩稿) 첫 장에 "一千九百年 / 庚子春 謄 / 替役集"이라고 써서, 감옥살이를 시작하면서 '체역집'이라는 시집 제목을 정해 놓았다. 이승만이 감옥 안에서 지은 한시를 편집하고 제목을 '체역집'이라고 붙인 까닭은 "신체적인 노역[役]을 정신적인 노역으로 바꾸겠다[替]"는 뜻이다. 이 시를 시집 마지막 장에 편집한 것은 정부가 내린 판결에 따라 감옥 안에서 노역하였지만, 나라를 구하겠다는 마음까지 바뀌지는 않았다는 자부심을 보인 것이다. "차라리 죽을지언정 초심을 지키리라"라는 비장한 다짐으로 이 시를 마무리한 것이 그러한 선언이다.

2. 망명의 공간 중국과 미국, 유럽

이승만의 자필 시고(詩稿)『체역집』뒤에는 상하이 임시정부 시절에 지은 시들이 실려 있다. 첫 번째 시는 하와이에서 화물선을 타고 상하이로 떠나며 지었다. 그의 망명 공간이 미국에서 중국으로 확대되는 것이다.

민국 이년 십일월 십육일에 임병직과 함께 화물선 West Hika에 몰래 들어가 철궤 속에서 밤을 지내며 배 떠나기를 기다렸다가 이튿날 새벽에 나갔는데 뱃사람을 보았다. 청나라 사람 모양으로 가장하고 호놀룰루 항에서 상하이에 이르렀다.

민국 이년 동짓달
하와이에서 남 몰래 배를 탔네.
겹겹 판자문 속에 난로가 따뜻하고
사면이 철벽이라 칠흙같이 어두웠지.
내일부터는 산천도 아득할 텐데
이 밤 따라 세월이 지리하구나.

태평양 위를 두둥실 떠 가니
이 가운데 황천 있음을 그 누가 알랴.
-이때 중국인의 시체가 든 관이 옆에 있었다.

民國二年(一九二○)十一月十六日, 與炳稷潛入運物船 West Hika, **在鐵櫃, 經夜, 待船發, 明曉出見船人, 佯作淸人樣, 自湖港, 至上海.**

民國二年至月天。布哇遠客暗登船。
板門重鎖洪爐煖、鐵壁四圍漆室玄。
山川渺漠明朝後、歲月支離此夜前。
太平洋上飄然去、誰識此中有九泉。 -時有華人尸體入棺在側.

그는 자신이 황천에 있다고 표현하였다. 중국인 시체가 든 관 옆에 숨어 누웠으니 황천이라고 했지만, 독립운동을 하러 목숨 걸고 태평양 건너 적진에 뛰어드니 황천이라고 표현한 것이기도 하다. 그는 망명 공간에서 지은 시에 나오는 외국의 인명이나 지명을 다른 시인들처럼 가차문자(假借文字)를 사용하여 표기하지 않고 West Hika, Kawela Beech, John 등의 알파벳으로 직접 표기하였다. 과거시험이라는 제도를 이미 벗어난 상태였기에 가능한 표기방법이었지만, 국내에 머물던 시인들과는 달리 망명 공간이었기에 더욱 자유롭게 표기했을 것이다.

독립운동기에 이승만은 미국과 하와이, 상하이 등지를 두루 돌아다니며 독립운동을 펼쳤다. 그는 주로 선편과 기차를 이용하여 돌아다녔는데, 비는 시간이 나면 자주 한시를 지었다.

십이월 오일 황포강에 배를 대고 몰래 육지에 올라 맹연관에 잠시 머물다 - 장붕에게 편지를 보내고 그가 오기를 기다리며

맹연관 나그네 잠 못 이루는데
기다리는 벗은 안 오고 가랑비만 내리네.
하루 종일 책 보노라니 눈이 어지러워
등불 등지고 누워서 새 시를 짓네.

十二月五日, 船泊黃浦江, 潛上陸, 暫寓孟淵館. - 投書張鵬, 待其來.

孟淵館裏客眠遲。待友不來細雨時。
盡日看書衰眼暈、背燈偃臥試新詩。

12월 5일 상하이에 몰래 상륙한 그는 장붕(張鵬)에게 편지를 보내고 나서 그가 오기를 기다리는 동안 숙소에서 이 시를 지었다. 망명의 공간은 미국에서 중국으로 넓어졌지만 늘 쫓기는 몸이어서 마음 편할 틈이 없었다. "하루 종일 책 보노라니 눈이 어지러워 시를 짓는다"고 했지만, 실제로는 기다리는 벗은 오지 않고 잠도 오지 않아 긴장을 풀기 위해서 시를 지은 것이다.

망명 시기에 영어로 쓴 일기를 편집한 『국역 이승만 일기』에는 한시가 1편 실려 있다. 상하이 임시정부에서 미국으로 돌아온 뒤에는 한자문화권에서 벗어났기 때문인지 한시를 짓지 않다가, 이날 아침 오랜만에 지은 것이다.

벨뷰 호텔에서 일찍 일어나다

아리따운 새 어찌 일찍부터 울어대나
누각 속엔 먼 나그네 잠들어 있는데.
제네바호의 끝없는 경치 중에서
새벽의 산과 하늘 가장 좋구려.

Bellevue Hotel 早起

好鳥啼何早、樓中遠客眠。

津湖無限景、最是曉山天。

-津湖指Geneva Lake -진호(津湖)는 제네바 호수를 가리킴.[146)]

이승만은 1933년 국제연맹에 대한민국임시정부 가입을 신청하러 제네바까지 갔다가 거부되자 글리옹의 벨뷰 호텔로 돌아와, 5월 20일 아침에 이 시를 지었다. 긴장이 풀려서인지 모처럼 한자와 불어를 섞어 쓰며 시를 지었는데, 복잡한 국제정세는 한 글자도 보이지 않고, 나그네 잠을 깨운 새와 제네바호의 아름다운 경치만 노래하였다.

망명 시기에 지은 한시로는 태평양에서 지은 시가 있다.

태평양 배 안에서 짓다

하늘과 물 사이에 이 한 몸 떠돌며

만릿길 태평양을 몇 번이나 오갔던가.

어느 곳 가든지 마음에 드는 곳 없어

꿈은 언제나 한양의 남산일세. - 1935년 늦가을.

太平洋舟中作

一身泛泛水天間。萬里太平幾往還。

到處尋常形勝地、夢魂長在漢南山。- 乙亥暮秋

태평양이라는 공간은 미국과 한국, 일본 사이에 있는 큰 바다이다. 그는

146) 류석춘 · 오영섭 · 데이빗 필즈 · 한지은 공편, 『국역 이승만 일기: 1904~34 & 1944』, (서울: 대한민국역사박물관, 2015), 192쪽.

유학과 망명길에 오르느라고 태평양을 오갔으며, 상하이 임시정부 대통령으로 취임하느라고 다시 오갔다. 지구를 몇 바퀴 돌면서도 그가 늘 그리워하는 곳은 한양의 남산, 즉 어릴 적에 살고 서당에 다니던 남산자락이었다. 그는 온 세계를 떠돌면서도 우남(雩南)이라는 호를 통해 늘 고향 한양의 남산과 이어졌다. 광복 후 시인 서정주가 그의 전기를 쓰려고 경무대를 드나들 때에 그가 이 시를 읊어주자, 서정주는 순간적으로 "내 가슴 속이 문득 북받쳐 오르며, 저절로 두 눈에선 눈물방울이 맺혀나기 시작했다"고 고백했다. 독립국가로 인정받기 위해 온세계를 돌아다니던 늙은 혁명가의 꿈을 공감했기 때문이다.

3. 돌아와 대통령으로 다스린 조국

조국에 돌아오자 망명 공간에서 줄어들었던 한시를 다시 많이 짓게 되었다. 조국에 돌아온 기쁨과 대통령으로서 겪어야 할 어려움, 국민과 유엔군 장군들에게 전달할 말을 모두 한시로 풀어낸 것이다.

옛 집을 찾아

도원(桃園)[147] 옛 친구들이 연기처럼 흩어져
풍진 세상 오십년을 바삐 달리다,
흰 머리로 돌아오니 뽕나무밭이 바다로 변해[148]

---

147) 이승만이 살았던 남산 기슭에 복숭아밭이 있었으므로 복사골, 즉 도동(桃洞)이라 불렀다.

148) 마고(麻姑)가 말했다. "모신 이래로 동해가 뽕나무밭으로 바뀌는 것을 세 번이나 보았다." 갈홍, 『신선전』「마고」.

옛 사당[149] 앞에서 봄 바람에 눈물 흘리네. - 1946년 가을 귀국한 뒤에

訪舊居

桃源故舊散如烟。奔走風塵五十年。

白首歸來桑海變、東風揮淚古祠前。-丙戌秋歸國後

그가 50년 만에 흰머리로 찾아온 고향 동네 도동은 상전벽해처럼 바뀌어 사람들은 다 흩어지고, 양녕대군의 옛 사당터만 남아 있었다. 광복 조국에서 그의 공간은 돈암장, 마포장, 이화장을 거쳐 경무대로, 그리고 피난지를 거쳐 다시 경무대로 바뀌어간다.

미국 여행길에 짓다

육만릿 길을 앉아 오가는데

다만 마흔네 시간만 걸렸네.

일만 육천 척 하늘에 떠 보니

위에는 구름도 없고 아래에 산도 없네. - 1947년.

在美旅行時卽事

六萬里行坐往還。只要四十四時間。

浮空一萬六千尺、上無雲霧下無山。- 丁亥

149) 양녕대군의 지덕사(至德祠)를 가리킨다. 양녕대군의 외손인 우의정 허목(許穆)이 1675년에 건의하여 남산 도저동 남묘(南廟) 건너편에 세웠는데, 지금의 서울지방병무청 자리이다. 1912년에 관악산 줄기 국사봉 밑에 있는 양녕대군의 묘소 앞으로 옮겼는데, 주소는 서울특별시 동작구 상도동 산65-42이며, 서울특별시 유형문화재 제11호이다.

이승만은 다시 미국 여행길에 올랐는데, 광복된 조국의 대표적인 지도자였으므로 항공기를 타고 44시간 만에 태평양을 건너갔다. 처음 미국에 가던 1904년에는 11월 4일 오후 1시 서울에서 떠나 12월 6일 오전 10시 샌프란시스코 항에 도착하고, 오후 3시에야 배에서 내렸다. 상하이 임시정부에 대통령으로 부임하기 위해서 하와이에서 상하이로 갈 때에는 화물선 창고에 숨어 들어가 밀항하였다. 밀사에서 망명객을 거쳐 대통령으로 되는 동안, 같은 바다 위를 지나면서 서로 다른 시간과 공간을 거친 것이다. 하늘 위에서 바라보는 태평양은 그의 공간이 바다에서 공중으로 확대되었음을 뜻한다.

가을 달밤

내 소원은 삼천만과 함께
나라 있는 국민이 되는 것일세.
늘그막엔 시골로 돌아가
한가한 사람으로 지내려네. - 정해년(1947) 서울에서

秋夜

願與三千萬、俱爲有國民。
暮年江海上、歸作一閑人。 - 丁亥於漢城 (1947년 仲秋 敦巖莊)

이승만이 귀국하여 정권을 잡을 것처럼 보이자, 친일파 갑부 장진섭이 돈암장을 숙소로 빌려주었다. 이승만은 이곳에서 신탁통치 반대운동을 주도하면서 미국을 오가며 정국을 구상하였다. 삼천만 동포와 함께 나라 있는 국민이 되면, 시골로 돌아가서 한가하게 살고 싶다는 것이 그가 바라던 공간이었다.

전쟁 중의 봄

반도 산하에 진 치는 연기 자욱하고
되놈의 깃발 미군 돛대가 봄 하늘을 가리웠는데,
방황하는 이들 모두 집 없는 나그네이니
누군들 생쌀 씹으며 떠돌지 않으랴.149)
무너진 거리엔 벽만 남아 있고
산 마을도 불에 타 새 밭을 일구네.
전쟁 그치지 않았건만 봄바람이 불어와
피 흘려 싸우던 들에 새 잎 돋아 나오네. - 신묘년(1951) 봄 부산에서.

戰時春

半島山河漲陣烟。胡旗洋帆翳春天。
彷徨盡是無家客、漂泊誰非辟穀仙。
城市遺墟餘古壁、山村燒地起新田。
東風不待干戈息、細草遍生敗壘邊。- 辛卯春, 於釜山.

이승만은 북진통일을 주장했지만, 그가 돌아온 조국의 공간은 한국전쟁이 일어난 뒤에 낙동강 이남으로 줄어들었다. 무너진 거리엔 벽만 남고 산 마을도 불에 타 버렸지만, 국민들은 새 밭을 일구고 새 잎이 돋아나왔다. 전쟁이 그치지 않은 공간에서 그는 희망을 본 것이다.

Ⅲ. 이 책에 실린 한시의 출전

《우남 이승만 전집》 제5권 『체역집』에는 한성감옥에 갇혀 있는 동안

1900년 봄부터 1903년 9월 15일까지 3년 9개월 동안 지은 한시 154제(題) 196수를 번역하여 편집하였다. 표지에 "경자년 봄에 베끼다[庚子春謄]"라고 쓰여진 이화장(梨花莊) 소장의 필사본 『체역집』을 모두 번역한 것이다.

이번에 간행하는 《우남 이승만 전집》 제9권 『한시집: 체역집에 실리지 않은 시』에는 글자 그대로 『체역집』에 실리지 않은 한시를 모두 수집하여 번역하였다. 시기별로는 독립협회 시기부터 한성감옥에 갇혀 있던 시기, 해외로 망명하여 독립운동을 하던 시기, 1945년 귀국하여 건국하고 대통령으로 재직하던 시기를 모두 망라하였다.

『체역집』처럼 시인이 직접 원고를 정리해놓지 않은 시기에 지은 시들은 출전을 확인할 필요가 있는데, 가장 확실한 작품은 신문 잡지에 활자로 게재된 시이거나, 시인이 생존하던 시기에 번역시집이 출판된 『우남시선(雩南詩選)』에 실린 시이다. 이승만의 친필을 수집하여 간행한 『우남이승만박사서집(雩南李承晩博士書集)』에 실린 시는 대부분 시보다 글씨를 감상하기 위해 선정된 것이지만, 또한 출전이 확실한 시이기에 번역하여 함께 편집하였다.

1. 독립협회 시기에 지은 시

모두 3수이다. 2수는 1896년 7월에 작성된 모친상 『부의록(賻儀錄)』에 친필로 실려 있으며, 1수는 1906년 7월 6일자 『대한매일신보』 1면 「사림(詞林)」에 실려 있다.

2. 『체역집』 시기에 지은 시

『체역집』 원문에는 154제(題) 196수(首)가 실려 있으며, 여기에 실려 있는 시들은 이미 번역하여《우남 이승만 전집》제5권『체역집』으로 출판하였다. 그러나 같은 시기에 지은 한시 가운데 16수가 무슨 이유에서인지 『체역집』 원문에 편집되지 않고 이승만의 친필을 따로 장황(裝潢)하여 이화장에 전해져 왔다. 아마 1903년 편집할 때에 원본이 없어, 나중에 쓴 듯하다.

이 시첩(詩帖) 첫 장에 이승만이 지은 시「달밤에 우연히 읊다(月夜偶唫)」가 실려 있고, 그 뒤에 다른 사람이 차운한 시가 1수 실렸다. 중간에 실린 「몽중시(夢中詩)」는 이기동(李基東)의 시이고, 이승만이 이 시에 차운하여 2수를 지었다. 따라서 16수 가운데 다른 사람이 지은 시 2수를 제외한 12제(題) 14수가 이승만이 지은 시이다. 이승만이 이기동이 지은 시에 차운하여 2수를 지었으므로, 원운(原韻)을 보이기 위해 이기동의 시도 함께 번역하여 이 책에 실었다. 신호열 번역본『체역집』에 이 시기에 지은 시 8제 10수를 실었으니, 이 시첩에 4수가 더 실린 셈이다.

마지막 장에 실린 산문은『체역집』시기의 문장이 아니라 상하이 임시정부 시축(詩軸)에 함께 편집해야 할 발문 성격의 글이다. 따라서 이 책에서는 이 발문을 상하이 임시정부 시기에 지은 시에 발문 삼아 번역하여 소개하였다.

3. 상하이 임시정부 시기에 지은 시

『이화장 소장 우남이승만문서 동문편 제2권(梨花莊 所藏 雩南李承晩文書東文篇 第二卷)』에 편집된『체역집』뒤에 특별한 제목 없이 5제 9수의 한시가 실려 있는데, 상하이 임시정부 시기에 지은 한시이다.『체역집』을 정서한 글씨와는 다른 글씨로 편집되었다. 모두 원본을 영인하여 이 책에 번역문과 함께 소개하였다.

4. 독립운동 시기 외국에서 지은 시

모두 친필로 쓴 시를 현재 3수 발견하였다. 시기 순으로 보면 1927년 근촌(芹村) 백관수(白寬洙)에게 써 준 시, 1933년 스위스 제네바 호텔에서 지은 시, 1938년 도산(島山) 안창호(安昌鎬)가 순국하였을 때에 지은 만시(挽詩)이다. 제네바에서 지은 한시는 1933년 5월 20일자 영어일기 속에 적혀 있다.

5. 『우남시선(雩南詩選)』에 실린 시

『우남시선』에는 31수가 실려 있는데, 이승만이 대통령으로 재임하고 있던 1959년 공보실(公報室)에서 노산(鷺山) 이은상(李殷相)에게 번역을 위촉하여 출판하였다. 1935년에 지었다는 「太平洋 배 위에서[太平洋舟中作]」 외에는 모두 1945년 광복 이후에 지은 시들이다.

공보실장 전성천이 이 번역서를 간행하는 이유를 서문에서 이렇게 설명하였다.

> 리대통령각하께서 지난날 파란많은 망명시절과 귀국후 다사다망하신 국사에 틈을 타시어 애국애족의 정을 읊으신 많은 한시(漢詩) 가운데에서 아직 세상에 널리 알려있지않는 三十一수를 이번에 노산 이은상(鷺山 李殷相)씨의 역시로 「우남시선(雩南詩選)」이라 제(題)하여 발간하게 되었습니다.

이 서문에 의하면 이승만이 지은 한시는 더 많았는데, '아직 세상에 알려있지 않은 31수'를 선정하였다고 한다. 이 가운데 30수는 이승만의 친필 시를 찾아내어 이 책에 함께 편집하였고, 4수는 신문 잡지에 소개된 원문을 찾아내어 대조 확인하였다.

6. 『우남이승만박사서집(雩南李承晩博士書集)』에 실린 시

『우남이승만박사서집』은 대한민국 헌정회(憲政會)가 광복(光復) 45주년을 기념하여 이승만이 "獨立運動과 國事에 전념하시는 중에도 漢詩와 書, 그리고 國·英文의 著作 등 우리 民族이 永遠히 간직할 遺産을 남겨"[150] 준 것을 수집하여 국민들에게 전하기 위해 간행하였다. 이 서집에는 이승만이 지은 한시뿐만 아니라 한시 형태의 오언이나 칠언 구절을 쓴 휘호도 실려 있고, 그가 존경하던 월남(月南) 이상재(李商在)의 시를 쓴 것도 실려 있다.

이 가운데 이승만이 짓고 쓴 한시 14수는 제5부까지 분류되지 않은 시들이어서 제6부로 분류하여, 번역문을 친필 시와 함께 편집하였다. 그 외에 대통령비서실 용지에 쓴 시나 이승만연구원에 소장된 친필 시들도 번역하여 창작 시기순으로 편집하였다.

이 서집에는 이승만이 쓴 포은(圃隱) 정몽주(鄭夢周), 월남 이상재, 하지장(賀智章), 선조(宣祖)가 지은 시들도 실려 있어서 함께 번역하여 이 책에 부록으로 편집하였다. 한시가 아니지만 운문 형태로 쓴 글씨 몇 편도 부록에 함께 소개하였다.

---

150) 洪滄燮, 「發刊辭」, 雩南 李承晩博士 書集發刊委員會 編, 『雩南李承晩博士書集』, (서울: 圖書出版 촛불, 1990), 5쪽.

Ⅳ. 정치 외교적인 목적으로 짓고 쓴 시 - 문장화국(文章華國)

문학의 효용성을 여러 가지로 들 수 있지만, 공자는 일찍이 사신의 응대를 예로 들었다. "시 삼백편을 외우고도 그에게 정사를 맡겼을 때 제대로 처리하지 못하고, 외국에 사신으로 내보내도 혼자 응대하지 못한다면, 그가 아무리 많이 읽었다 한들 무슨 소용이 있겠느냐?[子曰, 誦詩三百, 授之以政不達, 使於四方, 不能專對, 雖多亦奚以爲.]"고 한 「자로(子路)」편의 말대로, 시를 배우는 이유 가운데 하나가 바로 사신의 임무를 맡아 외국에 나갔을 때에 응대하기 위한 것이었다.[151]

과거시험 과목에서 시(詩)를 제외하자는 의견이 자주 거론되었지만, 그때마다 사신 응대를 이유로 시험과목에 살아 남았다. 이승만도 젊은 시절에 과거시험 공부를 하기 위해 시를 배우고 지었는데, 그가 한시를 정치 외교적인 목적으로 지은 것은 대통령이 된 뒤부터이다. 망명시기에도 외교적인 활동을 많이 하였지만, 외국인에게 한시를 지어준 적은 없었다.

1953년 해인사(海印寺)에 가서 지은 시에 "-癸巳菊秋, 與美大使뿌릭스內外, 불릿스大使, 테일러將軍, 及諸友, 登海印寺."라는 설명이 붙어 있다. 미국 대사 부부와 장군 및 여러 친구들과 해인사에 들렀다는 뜻인데, 이 시를 그들에게 주었다는 말은 없으니 이 경우에는 외교적인 목적으로 지은 시가 아니다.

밴 플리트 장군을 위해

한 몸이 흰 구름 위에 날았지요.

---

151) 허경진, 「통신사와 접반사의 창수 양상」, 『조선통신사연구』 제2호, 2006, 2쪽.

모든 나라가 공산군 불길 속이었지요.
백번 싸워 공을 이룬 곳이
서쪽 유럽과 동쪽 아시아였지요.
一身白雲上、萬國赤焰中。
百戰成功地、歐西與亞東。

테오도어 프란시스 그린 장군에게

동아시아의 난리 속에서
장군이 우리나라에 주둔하셨지요.
민중을 극진하게 구제하며
고생과 즐거움을 국민과 함께 하였지요.
東亞風塵裏、將軍駐我邦。
蒼生極濟意、甘苦與民同。

해리 띠 펠트 제독에게

제독께서 동아시아를 진정시키니
우방들이 모두 다 환영하네.
새해를 축하하는 오늘
개선가 부르며 태평을 칭송하네.
元戎鎭東亞、友國盡歡迎。
今日新年賀、凱歌頌太平。

그가 지은 외교적인 시 가운데는 미군 장성들에게 지어준 시가 가장 많다. 그가 대통령으로 재임하던 12년 동안 한국전쟁을 겪거나 그 이후에도 해마다 장성들이 교체되어 오갔으므로, 그는 자신이 지은 시를 붓으로 직접 써서 미군 장성들에게 선물로 주었다. 국가기록원의 기록을 살펴보면

훈장을 수여하거나 귀국할 때에 써 준 적이 많다. 미국인 장군들이 한시를 지을 줄 몰랐기에 차운(次韻)하여 화답(和答)하지는 못하였지만, 1952년 4월 14일 이승만이 한시를 쓴 뒤에 프란체스카 여사가 미 8군 사령관 밴 플리트 장군에게 그 뜻을 설명하는 사진을 보면 미국인들도 이승만이 자신에게 한시를 써 준 이유를 이해한 듯하다. 그들이 귀국한 뒤에도 그 시를 오랫동안 간직한 것을 보면 이승만의 의도가 절반은 성공했다고 볼 수 있다.

그는 1947년 미국에 다녀오는 길에 중국에 가서 장제스(蔣介石) 총통을 만났다. 항주 서호에서 함께 놀며 시를 지었는데, 시의 내용에 외교적인 언사는 없지만 두 나라의 정상이 함께 만나서 한시를 지었다는 자체가 외교적인 행위였다.

서호에서 놀며 -미국에서 돌아오는 길에 장총통(蔣總統)을 만나고, 항주 서호(西湖)에서 뱃놀이를 하였다.

서호에 봄날 배를 띄우고
주인과 즐겁게 놀이를 하네.
아홉 구비 붉은 난간에 세 달이 비치니
내 몸이 신선세계에 있는 듯하구나. - 정해년(1947) 봄

西湖遊 -自美歸國時, 過訪蔣總統, 因作杭州西湖之遊.

西湖春日泛蘭舟。幸賴主公作此遊。
九曲紅欄三印月、居然身在小瀛洲。 - 丁亥春

자유당 정권 시기에 공보실에서는 이승만의 한시를 정치적으로 활용하기 위하여 『우남시선』을 번역하여 공보실에서 출판하였고, 『체역집』도 번역하였는데, 대통령 하야한 뒤인 1961년 동서출판사에서 간행되었다. 그

보다 더 적극적인 활용은 『한중시사(韓中詩史)』를 간행한 것이다.

중화민국 문인 평궈둥(彭國棟)이 1957년에 집필하여 정중서국(正中書局)에서 간행한 『중한시사(中韓詩史)』를 신호열이 번역하여 1960년 공보실에서 『한중시사』 상·하 2책으로 간행하였다. '한중시사'라는 책 이름 그대로 한국과 중국 사이에 주고받은 시를 역사적으로 소개하였으니, 신라와 당나라, 고려와 송나라·금나라·원나라, 조선과 명나라·청나라 사신들 사이에 주고받은 한시를 소개한 뒤에, 현대에도 이승만과 중화민국 장제스(蔣介石) 총통이 정치적으로, 문학적으로 교유하고 있다고 설명하였다. 대한민국이 건국된 이듬해인 1949년에 장제스 총통이 한국에 왔을 때에 이승만이 장제스 총통에게 보여준 「불국사(佛國寺)」 시를 『중한시사』에 소개하였다.

불국사

젊어서부터 불국사 이름을 익히 들었기에
오늘 올라와 보니 감회를 이길 수 없네.
산들은 옛 왕조 이야기를 하지 않건만
흐르는 물은 아직도 옛 나라 소리를 전해 주네.
반월성 가에 봄풀이 우거지고
첨성대 아래에 들풀이 환해,
지금은 사해 풍진이 진정되었으니
옛 성채 솔바람에 수자리 병사가 쉬는구나.

佛國寺

少小飽聞佛國名。登臨此日不勝情。
群山不語前朝事、流水猶傳故國聲。

半月城邊春草含、瞻城臺下野花明。

至今四海風塵定、古壘松風臥戍兵。

펑궈둥은 이 시에 대하여 "城邊春草含 松風臥戍兵" 등의 말은 당(唐) 명황(明皇)의 "봄이 오니 나룻가에 숲 우거지고[春來津樹合] 달이 지니 수루가 쓸쓸하구나[月落戍樓空]"라는 구절과 더불어 함께 아름다우며, 송(宋) 태조(太祖)의 「영일출(詠日出)」이나 명(明) 태조(太祖)의 「영국(咏菊)」이 어의(語義)는 웅혼하나 패기(覇氣)를 벗어나지 못하여 사신(詞臣)의 윤색이 요청되었다고 평한 다음 "雩南 大統領은 다 自作일뿐더러 또는 韓國人으로서 漢詩에 대한 造詣가 이같이 깊으니 더욱 珍貴하다 아니할 수 없다"고 높이 평가하였다. 한(漢)나라 고조(高祖), 당(唐)나라 태종(太宗), 송나라 태조 등 한 나라를 개국한 시조나 난세를 극복한 군주들과 비교하여 이승만이 한시를 많이 짓기도 하였지만 남이 고쳐준 것이 아니라고 평한 것은 객관적인 평가이다. 한문학 시대가 아닌 20세기 중반, 두 나라 정상이 한시로 소통하여 한중 두 나라의 한시를 통한 교류가 천년 넘게 이어진다는 사실을 강조하면서 『한중시사』를 마무리하였다.

두 지도자는 중국과 한국을 서로 방문하면서 우의를 쌓았으며, 전근대시기의 공통문자인 한문과 한시를 매개로 하여 더 친밀해졌다. 문장화국(文章華國)이라는 글자 그대로, 문장으로 나라를 빛낸 것이다.

V. 맺음말

젊은 시절에 한시를 배웠던 이승만은 노년기에도 일상생활 속에서 자연스럽게 시를 지었다. 그는 1950년대에 대통령으로 있을 때에 이따금 비서

관들에게 "여보게, 요새 내가 잠이 잘 안오네" 하며 창경궁 장서각에 가서 당나라 시인들의 시집과 기타 한문 서적들을 빌려오도록 하였다. 당시 장서각의 한적 담당자는 대통령이 도서대출을 신청하면 반드시 대출일자와 대출인을 기록한 다음에 책을 내주었다고 한다.[152] 한시 읊기와 짓기는 노년에 이르기까지 그에게 생활의 일부분이었다.

《우남 이승만 전집》 제5권 『체역집』에 196수가 실려 있고, 이번에 간행하는 《우남 이승만 전집》 제9권 『한시집』에 76수를 수집하고 번역하여 편집하였으니, 현재까지 수집하여 번역한 이승만의 한시는 모두 272수이다.

이승만이 지은 한시 272수를 시기별로 구분해 보면, 독립협회 시기, 한성감옥서에서의 수형생활 시기, 상하이 임시정부 시기, 미국에서의 독립운동 시기, 건국기 및 대통령 재임 시기 등 5기에 걸쳐 지었다. 독립협회 시기 이전 도동서당 시절에 『시전』 공부에 매달리며 가장 많은 시를 지었을 것으로 보이나, 과기시험 공부를 위해서 열심히 연습했을 과시(科詩)가 한 편도 남아 있지 않은 점이 아쉽다.

이승만은 감옥에 도서실을 설치하고, 수감자들에게 책을 빌려주며 장부도 작성하였다. 본인이 읽은 책들은 「소람서록(所覽書錄)」이라는 제목으로 기록해 놓았는데, 운서(韻書)는 한 권도 없었다. 20대 젊은 시절에 그는 이미 운서(韻書)를 보지 않고도 평측(平仄)에 맞게 시를 지을 수 있었던 것이다.

갑오개혁 이후에 과거제도가 폐지되었으므로, 많은 청년들이 한문공부를 중단하고 신학문을 배우기 위해 배재학당에 입학하였다. 이승만도 머리를 깎고 영어를 비롯한 신학문에 전념하였지만, 한시 짓기는 계속하였다. 망명지 미국에서 영어로 생활하였지만, 영시를 짓지는 않았다. 그에게는 한시가 생활이었던 것이다. 소년 시절 과거시험에 합격하기 위해 공부하였

---

152) 1993년 2월 3일 이인수 박사와 윤자경(尹字景) 씨의 대담 녹취록.

던 한시 창작의 목표를 대통령이 되어서 일부분 실현하였다고 볼 수 있다.

독립운동 시기 이승만의 비서였던 윤치영은 이승만이 하야한 이후 1961년에 간행된 『체역집』 번역본 발문에서 이 책을 출판하는 이유를 이렇게 설명하였다.

"우리는 여기서 先生의 詩作品들을 어떤 文學的 角度에서 論評하거나 讚揚하려는 것이 아니다. 어디까지나 그 作品 속에 나타난 先生의 愛國情熱과 獨立精神 그것을 吟味하고 感銘하려는 것이다."

"先生은 오직 愛國 愛族으로서만 一生의 本願을 삼아온 眞正한 愛國者이기 때문에, 오히려 그 一節에 보다 더한 尊敬을 품는 것이다."

그는 이승만의 한시가 문학적으로 이룬 성취보다는 한평생 본원으로 삼아온 애국 애족과 독립정신을 높이 평가하고, 이 시를 읽으면서 그러한 마음을 음미하였다. 그렇다면 이러한 발문은 『체역집』보다 『한시집』에 더 어울린다. 『체역집』에 실린 시는 한평생이라기보다 젊은 시절 3년간에 지은 시일뿐더러, 애국 애족보다는 군주와 부모에 대한 사랑이 더 강조되었던 전근대시기에 지었기 때문이다.

나라를 잃은 뒤에 조국에 돌아오지 못하고 미국과 중국을 오가며 독립을 준비하고, 공산군으로부터 분단된 조국을 지키며 국민들에게, 유엔군 장군들에게, 외국 정상들에게 지어 주고 써 준 그의 한시 곳곳에 애국 애족의 열정이 보인다.

이승만(李承晩, 1875~1965), 호찌민(胡志明, 1890~1969), 마오쩌둥(毛澤東, 1893~1976)은 비슷한 시기에 태어나 조국의 독립을 위해 한평생 헌신하였는데, 세 사람 모두 한자문화권에 살면서 자신의 생각을 한시로 지어 국민들에게 전달하였다. 한시의 수준이나 독자들의 반응을 여기서 분석할 수는 없지만, 호찌민이나 마오쩌둥이 백여 수를 지은 데 비하여 이승만은 272수를 지었으니, 펑궈둥의 지적대로 다작인 것은 분명하다. 그만큼 한시

짓기를 생활화하였다고 볼 수도 있다.

호찌민이나 마오쩌둥은 죽은 뒤에도 국민들의 존경을 받아 그들의 시집이 널리 읽히고 여러 나라 말로 번역되었지만, 이승만의 한시는 2021년에 번역 출판된 『체역집』과 이번에 간행되는 『한시집』에 이르러 비로소 272수가 집대성되었다고 볼 수 있다. 이 책이 이승만을 이해하려는 독자들에게 널리 읽혀서, 평가절하되었던 그의 한쪽 모습이 제대로 밝혀지기를 기대한다.

색인

〈ㄴ〉

〈ㅇ〉

역주·해제

■ 허경진(許敬震, Kyoungjin Hur)
연세대학교 연합신학대학원 객원교수.
열상고전연구회 회장 역임.

주요 저서

『허균평전: 시대를 거역한 격정과 파란의 생애』, 『한국 고전문학에 나타난 기독교의 편린들』 등 저서 10여 권, 『삼국유사』, 『서유견문: 조선 지식인 유길준 서양을 번역하다』, 『매천야록: 지식인의 눈으로 바라본 개화와 망국의 역사』, 『손암 정약전 시문집』, 『우남 이승만 전집 5: 체역집』 등 역서 50여 권.